I0169163

CADIO

DRAME

Représenté pour la première fois, le samedi 3 octobre 1868,
à la Réouverture du théâtre de la Porte-Saint-Martin.

Direction de M. RAPHAEL-FÉLIX.

S'adresser, pour la musique de CADIO, à M. ALBERT VIZENTINI, chef d'orchestre du théâtre de la Porte-Saint-Martin, et, pour la mise en scène, à M. JOSSE, régisseur.

PARIS. — J. CLAYE, IMPRIMEUR, 7, RUE SAINT-BENOIT. — [1267]

CADIO

DRAME

EN CINQ ACTES ET HUIT TABLEAUX

PAR

GEORGE SAND ET PAUL MEURICE

PARIS

MICHEL LÉVY FRÈRES, ÉDITEURS

RUE VIVIENNE, 2 BIS, ET BOULEVARD DES ITALIENS, 15

A LA LIBRAIRIE NOUVELLE

1868

CADIO
DRAME EN 5 ACTES & 8 TABLEAUX
PAR GEORGE SAND & PAUL MEURICE
1868

Quand j'ai lu dans la *Revue des Deux Mondes* le roman dialogué de *Cadio*, j'ai été frappé de ce grand sujet, de cette grande idée : la Révolution dans une âme.

Cette prodigieuse Révolution, elle ne peut être abordée de front que par l'histoire, elle échappe à la fiction. Où sont les acteurs qui figureraient les Titans ? Sur quel théâtre assez vaste et assez solide représenter l'écroulement d'un monde ? De ce fracas formidable l'art ne peut donner que l'écho ; mais le seul écho peut contenir tout le bruit. *Cadio* me semblait pouvoir être le petit coquillage où se retrouve la rumeur de la grande mer.

Cadio, c'est le peuple. Il naît, enfant perdu, on ne sait où, on ne sait de qui ; il pousse au hasard, robuste et nu et sauvage plus qu'à moitié ; sa vraie mère et sa vraie nourrice, c'est la Nature. La première voix qu'il écoute et dont il est charmé, c'est celle du flot et du vent. Il voudrait apprendre la musique ; il va aux moines, dépositaires de toute science. Mais les moines ne savent que la langue morte, le latin. Ils veulent faire de Cadio un moine, lui couper les cheveux, l'enfermer. Cadio se sauve et court encore.

La dame du château prend en pitié l'orphelin. Elle lui donne du pain et un biniou, en échange de quoi Cadio dévoue à la fille de sa bienfaitrice son âme et sa vie.

Il n'aspire pas encore à penser et à vouloir; il se contente d'aimer et de rêver. Il est ce qu'on appelle un innocent et un simple. L'apprentissage de cette conscience se fait, dans le roman, d'une manière bien profonde et bien saisissante.

La Rochefoucauld a dit : « Le soleil ni la mort ne se peuvent regarder en face. » C'est pourtant en regardant la mort que Cadio voit la vie ; c'est à cette lumière étrange de l'autre monde qu'il commence à connaître celui-ci. Dans son doux instinct naïf, il est timide et se croit poltron. Une première fois, il est mis en face de la mort : il faut qu'il trahisse ou qu'il soit tué ; il a peur, il demande grâce, — mais il aime mieux mourir. La seconde épreuve est plus terrible : pour sauver l'homme dont il a fait dans son cœur son ami, il n'a plus seulement à recevoir la mort, il faut qu'il la donne, il faut qu'il tue. Tous ces déchirements font des jours dans sa pensée enveloppée. Enfin, pour récompense d'un grand service qu'il rend, un assassin le frappe d'un coup de couteau. Ah ! la conscience alors se révèle à lui par la colère, il se redresse pour se venger, et l'indignation le fait homme. N'est-ce pas ainsi que des iniquités et des cruautés de l'ancien régime a jailli la Révolution ?

Ceci est, pour ainsi dire, le drame intérieur. La grande situation du livre ne me semblait pas exprimer avec moins de bonheur et d'originalité l'antagonisme du plébéien et du gentilhomme, de la race nouvelle et de la race finie, de Cadio et de Saint-Gildas. La lutte se pose entre eux dans l'amour, et par la singulière aventure d'un double mariage, possible seulement à cette minute inouïe.

Au plus fort de la terreur et de la guerre civile, la jeune fille noble à laquelle Cadio s'est dévoué, est mise en demeure, pour sauver sa vie, d'épouser un homme du peuple devant l'officier municipal. Ce mariage sans autel ne compte pas pour sa religion. Elle demande à Cadio de l'épouser, comme elle lui demanderait sa main pour traverser un torrent. Après quoi, elle va sans scrupule se marier devant un prêtre avec un homme de sa caste et de son rang.

Mais c'est ce dernier mariage qui est nul en droit et en fait. Le prêtre qui l'a béni est un prêtre assermenté, c'est-à-dire, aux yeux de Jacqueline de Sauvières, un prêtre sacrilége, un faux prêtre. Des deux lois en présence et en conflit, la loi nouvelle est la vraie et la bonne. En invoquant le mariage qu'elle a consacré, le plébéien Cadio sauve une seconde fois celle que le patricien Saint-Gildas a deux fois perdue.

Cadio le poltron est devenu, dans l'intervalle, Cadio le héros. Il n'a eu, pour se transfigurer, qu'à se jeter dans le grand courant révolutionnaire qui emporte tout, renouvelle tout et change tout plomb vil en or pur. Ceci n'est point de la fantaisie, c'est de l'histoire. Hoche, Marceau, Kléber et bien d'autres sont là pour le prouver, témoins immortels. Oui, Cadio, d'abord en arrière de Saint-Gildas de plusieurs siècles, a réellement pu le rejoindre et le dépasser en quelques mois. Il a suffi pour cette transformation, d'un coup de baguette de la dernière et de la plus merveilleuse des fées : nous entendons par là la Liberté.

Qu'est-ce que vous voulez? on a aussi ses féeries!

Le rival de Cadio, Saint-Gildas, a pourtant sa grandeur à lui. Il n'a pas dû rester dans le drame aussi pervers et aussi odieux que dans le livre ; George Sand a été d'avis qu'il fallait adoucir pour le théâtre ce rude personnage, ainsi que la Korigane, sa farouche esclave. La Korigane, avec une expression et une action tout opposées, est devenue la pareille et la jumelle de Cadio. Saint-Gildas, impie et blasé, est demeuré un de ces furieux d'amour tels que les a connus cette époque embrasée : Mirabeau, Danton, Charette.

Mais l'amour, la sensation, l'ivresse, il les cherche ardemment et vainement autour de lui et à son niveau, parmi les nobles « brigandes. » Ce Don Juan de la guerre civile ne daigne pas regarder en bas, à ses pieds, dans l'ombre, le seul être qui l'aime d'un amour éperdu, tout en croyant le détester. Il méconnaît, raille et méprise l'humble fille, jusqu'à ce qu'un jour elle meure pour le sauver. Alors, devant la preuve irrécusable et sublime, cet autre aveugle voit clair, lui aussi; cet incrédule croit à tout ce que cette enfant a dit; ce révolté fait tout ce que cette enfant a voulu. Cadio n'a même plus à se battre contre lui : Saint-Gildas est déjà vaincu par cette morte.

Un duel plus ou moins neuf, plus ou moins pittoresque entre ces rivaux n'aurait prouvé que la chance, l'adresse ou la force de l'un des deux; les vraies victoires sont, et seront de plus en plus, les victoires morales, les victoires sans effusion de sang.

Saint-Gildas, le passé, s'en va finir et mourir dans un chevaleresque suicide; Cadio, l'avenir, va vivre et combattre pour le droit et la liberté.

Au point de vue politique, *Cadio* voudrait exprimer l'horreur et l'exécration de la guerre en général, et, en particulier, de la guerre civile, qu'il ne faut pas confondre avec l'insurrection. L'insurrection, éclat de colère d'un peuple indigné, est souvent le plus saint des devoirs; la guerre civile, révolte continue et obstinée, est presque toujours un crime.

Fallait-il cependant représenter les royalistes comme des scélérats et des lâches? Les buissons du Bocage ont vu sans doute trop de bandits pareils à Mâcheballe et à Tirefeuille. Mais l'histoire et l'art commandaient de laisser, même aux ennemis de la Révolution, leurs traits humains. Lasson est un esprit étroit et Sauvières un caractère faible, mais ils sont désintéressés; Saint-Gildas, sceptique, railleur, plein d'égoïsme, d'orgueil et d'ennui, reste audacieux et vaillant. Le courage, en réalité, n'a fait défaut d'aucun côté dans cette guerre fratricide, qu'on n'appelait pas pour rien « la guerre des géants. »

> La bravoure, ajoutant à l'homme une coudée,
> Était dans les deux camps. . .

A leur premier choc avec les Vendéens, les Mayençais, qui venaient de combattre l'Europe, s'écriaient : On voit bien qu'on a affaire à des Français!

La conclusion de *Cadio* n'en est pas moins d'une justice sévère. Les adversaires du droit et de la patrie sont tous punis de mort. Les républicains, Cadio, Alain et le Délégué, — purs, dévoués, irréprochables, — vivent, grandissent et triomphent.

On voit que l'action multiple et les événements pressés de ce drame essayent d'incarner beaucoup d'idées, trop d'idées peut-être. La féerie des vaudevillistes a un peu déshabitué le public de la pensée. Après un si long jeûne, lui présenter cette forte nourriture n'était pas sans quelque témérité, même de la part du puissant philosophe et du profond analyste qui a écrit *Jacques* et *Mauprat*. En outre, le sujet, avec ses conversions d'esprits et de caractères, imposait au drame cette forme *successive*, excellente même dans l'art du théâtre et qu'a bien souvent employée Shakspeare, mais qui pouvait dérouter des spectateurs accoutumés à ne chercher l'intérêt que dans l'anecdote et la curiosité que dans l'aventure.

Les drames de la passion et de la conscience ne sont pourtant pas les moins saisissants. *Hamlet*, le chef-d'œuvre de tous les théâtres peut-être, n'est autre chose que le drame de la pensée. Est-ce que George Sand se trompait en espérant que le peuple aimerait et comprendrait la simple histoire et le spectacle fidèle de l'ascension, de la lutte et de la victoire d'un enfant du peuple? Non! nous avons, plus d'un soir, les soirs de dimanche surtout, suivi et observé ce public populaire, attentif, croyant, frémissant, allant du rire aux larmes et de l'indignation à l'enthousiasme. Laissé à son impression naïve et à son instinct profond, il est pour Cadio et avec Cadio.

Il est vrai que les deux figures principales du drame, Cadio et la Korigane, ont trouvé pour les interpréter et les éclairer deux artistes de premier ordre : Mélingue et Mlle Thuillier.

Mélingue a eu certainement dans Cadio sa création la plus belle et la plus complète. Il y a égalé, selon nous, les plus grands. Sous l'habit de toile du joueur de biniou et sous la longue redingote de l'officier républicain, il a composé avec un art profond une figure, double et une, d'un charme et d'une simplicité admirables. Dans la douceur mélancolique du paysan il cache et montre la force contenue ; dans l'ardente fièvre du soldat il ramène et rappelle la primitive naïveté. Tout cela fondu et distinct, tout cela rehaussé de mouvements heureux et d'exquises trouvailles. Mélingue avait toujours eu jusqu'ici l'éclat, le relief, l'ardeur, l'esprit, la vie; dans Cadio il a eu l'âme.

Pour Mlle Thuillier, elle *est* une âme, — une âme vibrante et souffrante, faible mais invincible, qui ploie et se redresse, qu'un rien blesse, mais que rien ne tue. Elle a eu des élans, des mots, des cris superbes; elle a eu d'étonnants silences. Quand la Korigane palpitante assiste, muette, à la scène entre Saint-Gildas et Jacqueline, sa physionomie mobile et parlante, plus éloquente que tous les discours, faisait, sans un mot prononcé, de ce duo d'amour un trio. Dans son blanc costume de Bretonne, si simple, si chaste et si pur, Mlle Thuillier, avec une originalité à elle, mêlait Marguerite et Mignon.

Mlle Rousseil, dans Jacqueline, a aussi été bien émue et bien émouvante; Mlle Rousseil est un talent plein de force et plein d'avenir. Charly s'est placé tout d'un coup au premier rang par sa création du Délégué, calme comme la justice, terrible comme la nécessité; c'est un homme et c'est la loi. Tisserant, dans le glorieux uniforme de la République, a la bonhomie héroïque d'un La Tour d'Auvergne avec la tournure martiale d'un Joubert. Brésil prête à la figure du comte une noblesse mélancolique du plus grand air. Mlle Déborah s'est fait remarquer dans le petit rôle de Mme du Rozeray, la guerrière grande coquette. Laurent, Schey, Mme Masson, ont été, avec une finesse pleine de naturel, la gaieté, l'esprit, l'éclat de rire de la comédie dans le drame. Il faudrait pouvoir nommer tous les excellents artistes qui, dans les personnages secondaires, ont apporté à la pièce le concours le plus heureux ; car nous ne voulons parler que de ses bonheurs.

Cadio, vivement applaudi et défendu par la grande critique, je veux dire par la critique sérieuse, que toute tentative d'art attire et passionne, est chaque jour attaqué et battu en brèche avec un acharnement furieux, par les alliés naturels et les amateurs intéressés de la « blague » et de la « cascade » au théâtre. Mais, quel que soit le sort de la pièce, la question du succès est ici secondaire. Il s'agissait, avant tout, de rouvrir à la littérature le théâtre de la Porte-Saint-Martin, la glorieuse scène de *Lucrèce Borgia*, de *Marie Tudor*, de *Richard Darlington* et de *Claudie*. Dans le double exil de Victor Hugo, dans le repos d'Alexandre Dumas, c'est à George Sand qu'appartenaient cet honneur et ce péril.

L'infatigable lutteur n'a pas manqué au combat. L'auteur d'*Indiana*, l'amie de Lamennais, a eu la joie et la gloire d'affirmer une fois, deux fois de plus dans *Cadio* la Révolution; la révolution que 92 a faite dans la cité et que 1830 a faite dans l'art. Le Théâtre du drame est enfin rendu au drame; il lui restera, il est pour cela en bonnes mains. Que maintenant *Cadio* soit attaqué, blessé, tué; que le porte-drapeau succombe, peu importe!

Le drapeau est planté.

PAUL MEURICE.

PERSONNAGES

CADIO. . . . . MM.	MÉLINGUE.
SAINT-GILDAS.	ROGER.
LE CAPITAINE ALAIN.	TISSERANT.
LE COMTE DE SAUVIÈRES	BRÉSIL.
LE DÉLÉGUÉ DE LA CONVENTION	CHARLY.
REBEC.	LAURENT.
MOTUS	SCHEY.
DE LUSSON.	ANTONIN.
CHAILLAC	DELAISTRE.
LE PÈRE CORNY.	BOUSQUET.
MACHEBALLE.	COULOMBIER.
TIREFEUILLE.	LARMET.
CŒUR-DE-ROI.	DEMARSY.
MOUSTACHE.	CAPON.
LARIBALIÈRE.	GUIMIER.
LE LIEUTENANT BEAULIEU . . .	FLEURY.
LE COMMISSAIRE DE L'ARMÉE. .	MAUGARS.
MÉZIÈRES.	LANSOY.
LA KORIGANE . . . . Mmes	THUILLIER.
JACQUELINE DE SAUVIÈRES. . .	ROUSSEIL.
MADAME DU ROZERAY.	DÉBORAH.
ROXANE	MASSON.
JAVOTTE.	DESMONTS.

1793-1795. — Vendée-Bretagne.

CADIO

ACTE PREMIER

PREMIER TABLEAU

Grande salle au château de Sauvières. D'une large fenêtre en pan coupé, on voit, à droite, le vieux château et le donjon. Porte au fond. Porte à gauche donnant dans une tourelle. Panoplie sur le mur de gauche.

SCÈNE PREMIÈRE.

LE COMTE; entre JACQUELINE, puis ROXANE, puis MÉZIÈRES.

LE COMTE.

Eh bien?

JACQUELINE.

Eh bien, on disait vrai, mon père. Vous refusiez de croire à l'insurrection, l'insurrection vient vous trouver. Il n'est bruit que de la marche de l'armée royale.

LE COMTE.

Oh! l'armée!... Est-ce une armée?

ROXANE, entrant.

Oui, mon frère, oui! tout le pays est en émoi, la guerre sainte est à nos portes, avant huit jours la Vendée sera en feu! — Vive Dieu! cela transporte, cela enivre! J'ai envie de prendre des pistolets, de chausser des éperons, de sauter à cheval et de donner la chasse aux bourgeois de la province!

LE COMTE.

Pauvre Roxane! gardez un peu de cette vaillance pour les événements qui se préparent; car je crains bien qu'au premier coup de fusil...

MÉZIÈRES, entrant.

Monsieur le comte, il y a là M. Chaillac, municipal de Puy-la-Guerche, avec M. Rebec, son adjoint.

ROXANE.

Adjoint! Rebec! né marmiton dans vos cuisines, devenu meunier, marchand de grains, marchand de bœufs...

JACQUELINE, riant.

Oh! il est marchand de chevaux à présent!

ROXANE.

Et finaud, et fripon sous toutes les formes!

LE COMTE, à Mézières.

Faites entrer. (Mézières sort).

ROXANE, haussant les épaules.

Vous recevez ces gens-là!

SCÈNE II.

LES MÊMES, CHAILLAC, REBEC, entrent, émus.

LE COMTE.

Qu'est-ce donc qu'il y a, messieurs?

REBEC.

Il y a, citoyen comte, que les paysans révoltés étaient, ce matin, en armes, au hameau du Jardier.

CHAILLAC.

Les brigands marchent sur nous, citoyen! ils seront peut-être ici dans une heure.

LE COMTE.

Et que veulent-ils? Que feraient-ils?

CHAILLAC.

Eh! mais ils attaqueraient notre ville de Puy-la-Guerche, qui est une des plus patriotes de la Vendée.

REBEC.

Et ils pourraient bien dire en passant deux mots à votre château de Sauvières.

LE COMTE.

Ni la ville ni le château ne craignent une poignée de malheureux paysans sans ordre et sans chef.

CHAILLAC.

Pardonnez-moi, citoyen! ils sont en nombre très-redoutable, et ils ont un chef très-détestable, le fameux Saint-Gildas.

LE COMTE.

Le marquis de Gaël? Il est peut-être fameux et détestable par ses aventures et ses désordres, mais non, je pense, par ses pillages et ses cruautés.

ROXANE.

Non! non! monsieur Rebec, ce n'est pas un « brigand », celui-là!

REBEC.

Belle comtesse Roxane, malgré les brigandages des insurgés, ce n'est pas moi qui me suis servi du mot *brigands* : mes expressions et mes opinions sont modérées, comme celles du citoyen comte.

LE COMTE.

Je ne sais, citoyen maquignon, si j'ai l'avantage d'être aussi modéré que vous. Ce qui est certain, c'est que j'ai horreur des excès et des violences de tous les partis, et que je veux rester en dehors de cette mêlée fratricide.

CHAILLAC.

Vous avez pourtant, citoyen, donné des gages à la liberté; vous avez fait avec La Fayette la guerre de l'indépendance, en Amérique...

ROXANE, bas, à Jacqueline.

Hélas!

CHAILLAC.

Votre compagnon dans cette guerre, le frère de la feue comtesse, le brave citoyen Alain Kerjean, est encore, à l'heure qu'il est, capitaine au service de la République...

JACQUELINE, bas, à Roxane.

Mon pauvre oncle! Dieu l'éclaire!

CHAILLAC.

C'est pourquoi, citoyen, nous venions en toute confiance, au nom des habitants de Puy-la-Guerche, vous demander deux choses.

LE COMTE.

Lesquelles?

CHAILLAC.

Le vieux château est fortifié; permettez-nous d'y mettre en sûreté nos enfants, nos malades...

REDEC.

Et nos biens.

LE COMTE.

Le château de Sauvières n'a jamais refusé à personne son hospitalité.

REDEC.

Ah! merci!

CHAILLAC.

Ensuite, vous-même, citoyen, qui avez l'expérience des choses militaires, venez à la ville vous mettre à la tête de la garde civique, nous guider, nous commander...

LE COMTE.

J'entends! et vous servir d'otage et de gage pour tout ce que vous aurez laissé, en toute confiance, au château. Cela, non, messieurs. Mes idées me défendent de servir la cause royale, mais mon nom me défend de la combattre. Encore une fois, je veux rester neutre.

CHAILLAC.

Est-ce qu'on peut rester neutre dans nos temps! Si vous n'êtes pas avec nous, nous croirons que vous êtes contre nous... (Mouvement du comte.) Oh! notre opinion vous importe peu, n'est-ce pas? Eh bien, on tâchera de se passer de votre aide. Je n'étais pas en Amérique, moi; mais j'étais à Paris il y a quatre ans, et je suis de ceux qui ont pris la Bastille. (Il fait signe à Rebec de le suivre, et sort.)

REBEC.

Mais moi qui n'ai pas pris la Bastille, j'ai une peur affreuse qu'on ne prenne Puy-la-Guerche. J'avais mis dans la voiture qui nous a amenés tout ce que je possède d'un peu bon, et, si monsieur le comte me permettait de cacher cette misère dans quelque coin du vieux château...

LE COMTE.

Vous n'hésiteriez pas à me confier votre avoir monsieur Rebec? c'est bien de l'honneur que vous me faites!

REBEC.

Merci! monsieur le comte! je m'en vais donc ranger mon pauvre saint-frusquin. Ah! ce saint-là est le seul que la République ne pourra jamais abolir! (Il sort.)

SCÈNE III.

LE COMTE, ROXANE, JACQUELINE; entre DE LUSSON, l'épée de combat au côté, les pistolets à la ceinture.

LE COMTE, allant au-devant de Lusson.

Monsieur de Lusson! mon cher voisin! Oh! oh! armé en guerre!

DE LUSSON.

Mon ami, c'est pour tout de bon, cette fois, les gens du roi arrivent. Je viens auprès de vous les attendre, pour me joindre à eux avec vous : la gentilhommière, comme de juste, se rallie au château.

ROXANE.

Ah! mon frère, voilà un valeureux exemple!

JACQUELINE.

Cher père, n'y résistez pas! j'oublierai que vous allez au danger, en pensant que vous allez à l'honneur.

LE COMTE.

L'honneur, ma fille, est d'obéir à sa conscience. La mienne ne parlera pas autrement à mon noble ami M. de Lusson qu'au petit bourgeois Chaillac. La guerre civile est affreuse toujours, mais quand elle est inutile...

DE LUSSON.

Vous trouvez inutile de servir le roi?

LE COMTE.

Le roi est mort! tué par les émigrés autant que par ses juges.

JACQUELINE, vivement.

Le dauphin règne!

LE COMTE.

Dans une prison.

DE LUSSON.

Eh bien, nous le délivrons!

LE COMTE.

Non, vous allez aussi l'exposer.

DE LUSSON.

Comptez-vous donc résister aux nôtres tout à l'heure?

LE COMTE.

S'ils sont vraiment les nôtres et si le marquis de Gaël les commande, je suppose qu'ils ne m'attaqueront pas.

ROXANE.

Eh! alors, ce seront les « patriotes » qui vous attaqueront, un autre jour, commandés peut-être par votre cher beau-frère, que j'appellerais volontiers, dans la langue de monsieur Rebec, le ci-devant chevalier de Kerjean.

LE COMTE.

Mon bon Alain! je vous avoue que je le craindrais moins que votre Saint-Gildas.

DE LUSSON.

Saint-Gildas est félon aux dames, — ce dont je le blâme, — mais il est fidèle au roi.

ROXANE.

Je ne connais pas le marquis; mais est-ce qu'on peut comparer le brillant et vaillant gentilhomme au lourd et timide bonhomme!

LE COMTE, souriant.

Roxane, vous gardez donc toujours rancune au chevalier d'être resté insensible à vos doux yeux?

ROXANE.

Je lui garde rancune d'avoir déserté son drapeau.

LE COMTE, vivement.

Ma sœur! ne parlez pas ainsi devant moi de l'être le plus loyal et le plus pur que je connaisse! Lui, Alain, ce cœur d'enfant, ce soldat intrépide et doux, cet homme de Plutarque, — dont il aime les héros comme on aime sa famille, — lui, un traître! parce qu'un jour de l'année dernière, la patrie étant déclarée en danger, il s'est écrié : J'y vais! Eh! sans ma fille, j'y serais allé, moi aussi! Le chevalier était colonel à Gibraltar, major en Amérique, et, à cinquante ans, il s'est enrôlé simple volontaire, et, fier de son obscurité, il débute par cette prodigieuse campagne du Rhin, où il ne croit pas avoir assez gagné par cinq blessures ses épaulettes de capitaine.

JACQUELINE.

Oui, père, j'admire comme vous mon oncle Alain; je l'admire et je l'aime. Mais je suis d'autant plus triste en pensant qu'il ne combat pas pour la cause et pour la foi de ses ancêtres; et, s'il s'agissait de vous, mon père, qu'est-ce donc que je souffrirais?

LE COMTE.

Taisez-vous, ma fille! vous me faites, vous, beaucoup de mal! (Plus doucement, lui prenant les mains et l'attirant à lui.) Écoute, mon enfant, tu ressembles trait pour trait à ta mère; tu as sa voix, son pas, son geste; tu te nommes du même nom qu'elle; tu as maintenant l'âge qu'elle avait au moment où je l'ai aimée; si bien que quand je te regarde je crois la voir, et que quand tu parles je crois l'entendre. Et, comme nous n'avions, elle et moi, qu'un cœur et qu'une âme, comme j'aurais mieux aimé mourir que de lui déplaire ou de rougir devant elle, — devant elle ma femme et ma dame! — tu comprends, Jacqueline, quel pouvoir tu as sur moi, et je te prie de ne pas en abuser, ma fille, et de ménager ton père.

JACQUELINE, lui jetant les bras autour du cou.

Mon père bien-aimé!

SCÈNE IV.

LES MÊMES; LA KORIGANE entre en courant.

ROXANE.

La Korigane! — Qu'est-ce qu'il y a?

LA KORIGANE.

Monsieur le comte! vos paysans, ils demandent des armes. La troupe des royalistes arrive. Ils sont déjà au carrefour du Chêne.

LE COMTE.

J'y vais.

ROXANE.

Et qu'allez-vous faire?

LE COMTE.

Fermer les grilles, lever le pont. Ils n'entreront pas de force, j'espère!

JACQUELINE.

Mon père, prenez garde!

LE COMTE.

Oh! ne crains rien, je suis calme. (Il sort.)

DE LUSSON.

Je ne le quitte pas. (Il suit le comte.)

SCÈNE V.

JACQUELINE, ROXANE, LA KORIGANE.

LA KORIGANE.

Demoiselle, est-ce que vous avez peur?

JACQUELINE.

J'ai peur pour mon père.

ROXANE.

Eh non! du moment que Saint-Gildas commande...

LA KORIGANE.

Saint-Gildas!

ROXANE.

Oui, oui, j'en suis sûre, c'est lui qui vient à la tête de ses braves.

LA KORIGANE.

Il vient, Saint-Gildas? il vient! Oh! alors, demoiselle, vous avez raison de craindre. Ne restez pas dans cette salle, rentrez dans votre appartement, vite, vite!

JACQUELINE.

Et pourquoi?

LA KORIGANE.

A cause de Saint-Gildas donc! Ah! s'il vient, ça doit être pour vous!

ROXANE.

Pour nous?

LA KORIGANE, naïvement.

Non, pour elle.

JACQUELINE.

Qu'est-ce que tu dis? Es-tu folle? Il ne me connaît pas.

LA KORIGANE.

Il n'a pas besoin de vous connaître. Vous êtes jeune, vous êtes belle, on le lui a dit, il le sait, il vient! Il fera dix, vingt, cinquante lieues, on lui tuera des hommes par centaines, il vient, le hardi! il veut vous voir, il vous verra! Oh! mais non! vous, qu'il ne vous voie pas! qu'il ne vous voie pas, je vous en prie!

JACQUELINE.

Mais quel feu! qu'as-tu donc?

ROXANE.

Est-ce que tu le connais, toi, petite, Saint-Gildas?

LA KORIGANE.

Ah! c'est que vous, demoiselle, je vous aime. — Certainement, je le connais. — Je vous aime bien. Les mois où vous veniez demeurer dans notre Bretagne sur les biens de votre mère, c'étaient les bons temps pour moi. Votre mère et vous, me veniez voir gardant mes bêtes. Je passais pour sauvage parce que j'étais seule. On m'en voulait de ne pas aimer tout le monde. Eh bien, non, je n'aime pas tout le monde, moi! On m'appelait le lutin, le Korigan, on me croyait folle. Mais votre mère n'entendait pas ça. Et, tenez, un jour, je me souviens, elle a dit : Cette petite-là aime bien! J'ai répondu : Personne ne m'aime. Et vous alors vous avez dit : Je t'aimerai, moi. Aussi, j'ai toujours pensé à vous, et, quand vous m'avez fait demander ici, j'ai dansé de joie. Oh! oui, je vous aime!

JACQUELINE.

Mais que crains-tu pour moi?

ROXANE.

Où donc as-tu vu le marquis?

LA KORIGANE.

Eh! avant de venir à Sauvières, est-ce que je n'étais pas en Poitou au château de votre cousine, Mme du Rozeray, la Grand'-Comtesse, comme on l'appelle.

ROXANE.

Ah! c'est juste, et il paraîtrait que Saint-Gildas...

LA KORIGANE.

Saint-Gildas est là comme qui dirait le maître. C'est là qu'avec la Grand'Comtesse, il a fait tout le soulèvement du pays. D'abord il faut toujours qu'il marche, qu'il s'agite, celui-là! on voit qu'en place il se dévore le sang. Il partait sur son cheval noir, et, quand il courait à travers la campagne, on croyait voir passer le feu du ciel. Il s'en allait exciter les seigneurs, requérir les fermiers et les paysans. Il parlait, et tous s'imaginaient obéir à un roi. Et les vieux s'armaient comme les jeunes, et les femmes suivaient leurs maris... pour le suivre.

ROXANE.

C'est donc vrai que les femmes sont aussi de la guerre sainte?

LA KORIGANE.

Oui, et c'est bien ce qui lui plaît, à ce démon! La perdition des créatures de Dieu, c'est là sa joie. Son plaisir est de damner les âmes.

ROXANE.

Hé! petite, est-ce que par hasard il aurait voulu perdre la tienne?

JACQUELINE.

Ma tante!...

LA KORIGANE.

Oh! il ne pouvait pas me faire de la peine, à moi; il ne m'a pas seulement aperçue. S'il entrait par une porte, je me sauvais par l'autre. Qu'est-ce que vous voulez? il me fait peur, et je le hais. Quand, de loin, je le regardais sourire à celle-ci, rire de celle-là, et les prendre toutes à ses maléfices, ah! je ne sais pas, mon cœur m'étouffait!

JACQUELINE, à Roxane.

Voilà une haine singulière!...

ROXANE.

Eh bien, moi, je serais curieuse de le voir en face, ce beau vainqueur! car s'il rencontrait des filles de vraie noblesse et de vraie vertu...

LA KORIGANE.

Ah! oui, n'est-ce pas? elles étaient folles et coupables, celles qui l'écoutaient! et je sentais que je les haïssais... peut-être encore plus que je ne le hais. Ainsi, demoiselle, vous voyez, sauvez-vous de lui, gardez-vous de lui, vous que j'aime. (Bruit au dehors.)

ROXANE.

Écoutez!

JACQUELINE, montrant la petite pièce de gauche.

Korigane, là, par la fenêtre de la tourelle, tu pourrais voir...

LA KORIGANE, de la tourelle.

Ah! c'est les royalistes!

ROXANE.

Saint-Gildas? l'aperçois-tu?

LA KORIGANE, rentrant.

Non, mais il n'est pas loin, il y a là ses hommes: Mâcheballe, le contrebandier; Tirefeuille, le faux saulnier, deux mauvais gars, deux chefs de bandits. Votre père, je crois, les fait entrer pour parlementer. (Regardant au fond.) Oui, tenez, ils viennent. Oh! allez-vous-en, demoiselle! allez-vous-en!

JACQUELINE.

Non! ma place est aux côtés de mon père.

SCÈNE VI.

Les Mêmes, LE COMTE, DE LUSSON, MACHEBALLE et TIREFEUILLE.

LE COMTE, à Mâcheballe et à Tirefeuille.

Entrez ici, messieurs, et parlez pour vous et pour vos compagnons, puisque vous vous présentez au nom du roi.

MACHEBALLE.

Monsieur le comte, on vous remercie, et on va s'expliquer en confiance et bonne amitié. (Il a les mains sur ses pistolets.) Depuis trois mois qu'on avance dans le pays, on a emmené tous les bons serviteurs du roi. On est déjà vingt-cinq mille, chaque corps marchant dans son chemin, et nous venons... (Pendant qu'il parle, de nouveaux insurgés sont venus peu à peu s'amasser au fond de la salle.)

LE COMTE, les apercevant.

Qu'est-ce que c'est? Pourquoi vos hommes vous ont-ils suivis, vous parlementaires?

TIREFEUILLE.

Pourquoi que vous les empêchiez d'entrer?

LES PAYSANS.

Oui, pourquoi?

LE COMTE.

Alors, vous vous méfiez?

MACHEBALLE.

Pas plus que vous.

LE COMTE.

Où sont mes gens? J'avais fait fermer les portes...

TIREFEUILLE.

Ça fait rien, ça! On connaît sur les murs le chemin des lézards. (Rire des insurgés. On entend le tocsin.)

LE COMTE.

Le tocsin!

MACHEBALLE.

Ça, c'est la déclaration de vos paysans qui se joignent à nous.

LE COMTE.

Il y a trahison et menace!... (Aux femmes.) Retirez-vous.

JACQUELINE.

Je ne vous quitterai pas dans le danger, mon père.

MACHEBALLE.

Il n'y a de danger ici que pour les trahisseurs, et monsieur le comte se rangera du bon côté. A présent nous voulons au premier rang des nobles. Il y a assez longtemps que les escarpins font trimer les sabots. On vous a servis de père en fils; à c'theure, faut y aller de votre argent et de vos personnes.

TOUS.

Oui! oui!

LE COMTE.

C'est-à-dire que vous venez nous crier : La bourse ou la vie?

TIREFEUILLE.

Non, c'est les deux qu'on réclame.

LES INSURGÉS.

C'est ça! c'est ça! les deux!

LE COMTE, la main à la garde de son épée.

Venez les prendre!

JACQUELINE, s'élançant.

Mon père!

SAINT-GILDAS sort du groupe, lève la main.

Ne craignez rien, mademoiselle de Sauvières! (Tous reculent.)

LA KORIGANE.

Lui!

SCÈNE VII.

LES MÊMES, SAINT-GILDAS.

LE COMTE.

Qui êtes-vous?

SAINT-GILDAS.

Saint-Gildas, marquis de Gaël, général provisoire de l'armée royaliste.

LE COMTE.

Que venez-vous faire ici, monsieur?

SAINT-GILDAS.

Prendre vos ordres, monsieur le comte.

LE COMTE.

Votre courtoisie est dérisoire. Vous pénétrez chez moi malgré moi, et vous me parlez à la tête de cette troupe, et peut-être de ces hommes dont les cruautés ont déjà souillé votre cause. (Murmures.)

TIREFEUILLE.

Vous dites?

SAINT-GILDAS.

Silence! (Au comte.) Ces hommes vont s'éloigner, monsieur le comte. (Aux insurgés.) Allons! retirez-vous! obéissez!

MACHEBALLE et TIREFEUILLE.

Mais...

SAINT-GILDAS.

Vous deux comme les autres! (Baissant la voix.) A tout prix je veux emmener le comte. (A part, regardant Jacqueline.) Et surtout sa fille! (Bas à Mâcheballe.) Tiens près d'ici l'homme habillé de toile. (Mâcheballe s'incline et s'écarte. Tous les insurgés se sont retirés au fond.)

ROXANE, bas à Jacqueline.

Il est poli, il est fier, il est charmant!

SAINT-GILDAS.

Vous voyez, monsieur, que là où je suis présent je suis obéi, et que j'avais le droit d'entrer chez vous pour vous y faire respecter. Mais je ne puis être partout. Cette armée qui se lève et qui grossit d'heure en heure, elle manque de frein, elle manque de chef, elle nous déborde. Acceptez-y un commandement, monsieur le comte, pour nous aider à faire de nos paysans indisciplinés des soldats. Ils ont la bravoure farouche, venez leur enseigner la générosité. Ah! c'est le devoir de tout bon gentilhomme et de tout bon Français... (Se tournant vers Jacqueline et Roxane.) N'est-ce pas, dites, vous femmes, vous le cœur et la bonté, n'est-ce pas? nous devons vouloir que cette guerre civile reste du moins humaine. Parlez, usez de votre douce persuasion, vous la sœur, vous la fille. Je vois dans ces beaux yeux le rayon de la foi, dites avec moi et mieux que moi à votre père que ce flot qui monte va tout emporter, tout engloutir, si on ne le dirige, qu'il faut résolûment s'y jeter pour le vaincre, et qu'il se doit à ce grand honneur et à ce grand péril.

JACQUELINE, avec élan.

Ah! c'est vrai! c'est vrai, mon père!

ROXANE.

Il est magnifique!

LA KORIGANE, à part.

O tentateur! tentateur!

LE COMTE.

Vous avez, monsieur le marquis, d'ardentes et de nobles paroles. Cependant, puisque vous faites appel en moi au père, peut-il, je vous le demande, dans cette tourmente et dans ce danger, laisser seule et sans protecteur sa fille?

JACQUELINE.

Vous ne me laisseriez pas, je vous suivrais, mon père !

SAINT-GILDAS.

Ah! vous avez, vous, avec la beauté d'un ange, la vaillance d'un héros! Vous au milieu de nous! vous seriez notre palladium et notre gage de victoire. Je vous demanderais... je vous demande d'être votre chevalier. Ou plutôt, pour me donner un titre auprès de votre père, daignez me nommer votre frère d'armes. (Désignant l'écharpe blanche que porte Jacqueline.) Cette écharpe, tenez, comme au vieux temps des grandes légendes, daignez l'attacher à mon bras. (Il plie un genou devant elle.)

JACQUELINE, troublée, lui nouant l'écharpe.

Avec la permission de mon père...

SAINT-GILDAS, se relevant.

Et maintenant, monsieur le comte, il me semble que nous pouvons partir : nous voilà invincibles!

LE COMTE.

J'admire et je loue, monsieur le marquis, votre enthousiasme et votre chaleur d'âme. Mais j'ai passé l'âge des entraînements passionnés, et j'ai atteint celui des convictions profondes. Encore une fois, je ne puis pas, je ne dois pas vous suivre. (Murmures des insurgés, qui se rapprochent.) Ah! j'ai résisté à ceux qui me priaient, qu'ils avancent ceux qui me menacent !

SAINT-GILDAS.

Personne ne vous menace, monsieur, et nous nous retirons. (Bas à Mâchebalie.) L'homme en toile! (Haut.) Quelqu'un seulement veut encore vous parler.

LE COMTE.

Qui donc?

SCÈNE VIII.

LES MÊMES, CADIO.

Cadio, vêtu d'un bourgeron breton en toile, un biniou pendu au côté, longs cheveux blonds, l'air doux et naïf, sort du groupe et vient présenter au comte une quenouille chargée de lin et ornée de rubans roses.

JACQUELINE et LA KORIGANE.

Cadio!

LE COMTE.

Qu'est cela? Que me voulez-vous?

CADIO, simplement.

Moi, monsieur? Rien. On m'a dit de vous donner cette chose-là, je vous la donne.

DE LUSSON.

Tu t'es trompé, mon ami, c'est pour ces dames.

CADIO, défendant la quenouille.

Non pas! non! On m'a bien dit : Donne la quenouille à M. le comte.

JACQUELINE.

Père!...

LE COMTE, douloureusement.

Oh! devant toi, Jacqueline!

CADIO, inquiet.

Mais... ce n'est pas pour vous faire de la peine... Je fais ce qu'on m'a commandé.

LE COMTE.

Et qui a commandé cela? Monsieur le marquis, est-ce vous?

SAINT-GILDAS.

Monsieur, je vous aurais présenté le défi moi-même. Cette douloureuse mise en demeure a été résolue par le conseil de l'armée royale. On en a chargé ce pauvre homme que nous venons de rencontrer sur le chemin, un simple d'esprit qui ne sait pas ce qu'il fait. Moi, ce que j'ai à vous offrir, c'est ce brevet et cette épée de commandement. Vous avez le choix : rester ou combattre.

LE COMTE.

Ou, par bonheur, mourir.

JACQUELINE.

Que dites-vous, père?

LE COMTE.

Rien, mon enfant. J'accepte l'épée. (Mouvement de joie.) Je garde aussi la quenouille. Mon ami, va la placer dans cette panoplie. (Cadio obéit.) Que mes anciens compagnons, que mon frère Alain, puissent voir l'arme qui m'a vaincu. — Monsieur le marquis, je suis à vous.

LES INSURGÉS.

Vivent Sauvières et Saint-Gildas!

SAINT-GILDAS.

Vive mademoiselle de Sauvières! (Il va présenter les chefs au comte.)

CADIO, s'approchant de Jacqueline.

Eh bien, demoiselle, êtes-vous contente de Cadio?

JACQUELINE.

Contente?...

CADIO.

Dame! on m'a dit que cette chose-là vous contenterait.

JACQUELINE.

Ah! Cadio, tu as fait bien du mal à mon père! mais tu lui as peut-être fait encore plus de bien! oui, va, tu l'as sauvé peut-être! (Saint-Gildas vient lui présenter la main.)

LA KORIGANE, bas à Cadio.

Mais elle, Cadio, peut-être bien que tu l'as perdue!

CADIO.

Je l'ai perdue?...

TOUS.

Vive mademoiselle de Sauvières!

DEUXIÈME TABLEAU

Même salle; mais la guerre et la dévastation y ont passé. Les boiseries sont arrachées, la pierre apparait nue. La grande fenêtre de droite laisse voir au loin le donjon ruiné et un amoncellement de décombres. Au mur de gauche, il ne reste de la panóplie qu'un tronçon rouillé et le bois de la quenouille, avec quelques brins de chanvre et de ruban noirci.

SCÈNE PREMIÈRE.

REBEC, CHAILLAC, assis devant une table où sont deux bouteilles et des verres. JAVOTTE les sert. Nuit, deux flambeaux allumés.

REBEC.

A votre santé, citoyen commandant! Brrr!... on a besoin de se réconforter par quelque boisson un peu généreuse dans ce grand fantôme de château ruiné.

JAVOTTE, versant à boire à Chaillac.

Il était si beau, il y a seulement trois mois, quand on pense!

CHAILLAC.

Qu'est-ce que vous voulez, Javotte? le donjon de Sauvières n'était pas la Bastille, mais les royalistes en avaient fait leur arsenal, il a fallu l'abattre et le ruiner, pour n'avoir pas toujours à le reprendre. — Mais de quoi vous plaignez-vous, citoyen Rebec? Votre commerce n'allait plus, on vous a nommé gardien du séquestre, et vous n'êtes pas trop mal ici. Il est gentil, ce petit vin de Tokai. Je croyais qu'on avait mis les scellés sur les caves...

JAVOTTE, vivement.

On avait oublié le caveau des vins fins.

REBEC, plus vivement encore.

Alors, vous croyez, Chaillac, que c'est amusant et surtout rassurant, la vie que je mène! Et si, dans tous ces va-et-vient de la guerre, les brigands revenaient se venger? On ne peut pas dire qu'ils sont vaincus ; jusqu'à présent ils ont eu presque toujours l'avantage.

CHAILLAC.

Oui, oui, ils se battent comme il faut, soyons justes. Mais voilà les Mayençais arrivés, les Vendéens sont perdus.

REBEC.

Les derniers coups sont les plus dangereux. Demandez qui Mouchon croit avoir aperçu hier à Ponthieu ; demandez...

JAVOTTE.

Mademoiselle de Sauvières et sa tante. Ah ! les pauvres dames !...

CHAILLAC.

C'est là ce qui vous fait trembler ?

REBEC.

Non, mais Sauvières et Saint-Gildas devaient être dans les environs. Et c'est à six lieues !

CHAILLAC.

Eh bien, le camp des Mayençais n'est qu'à une lieue. Qu'est-ce que Saint-Gildas et Sauvières viendraient faire ici ? Par où entreraient-ils d'abord ? (Désignant la baie de droite.) Ça ne serait pas par les fossés et les décombres ; un vrai précipice ! Et la garde nationale suffit bien à défendre la grand'porte.

REBEC, étourdiment.

Eux, ils auraient la cache ! (Javotte hausse les épaules derrière Chaillac.)

CHAILLAC.

La cache ? quelle cache ?

REBEC.

Hum !... Ces anciens châteaux, est-ce qu'ils n'ont pas tous leurs entrées secrètes et leurs passages souterrains ? (Son de trompette au loin.) Qu'est-ce que c'est que ça ?

CHAILLAC.

Une trompette. C'est de la troupe.

REBEC.

Les fantassins n'ont pas de trompette.

CHAILLAC.

Les brigands non plus. Allez! c'est une sommation militaire en règle. J'y vais; venez-vous.

REBEC.

Je vous suis. (Sort Chaillac par le fond.)

SCÈNE II.

REBEC, JAVOTTE.

REBEC, revenant sur ses pas.

Non! c'est peut-être une ruse des brigands, et l'homme prudent ne se jette pas comme ça dans les embuscades de l'anarchie. Ma mie Javotte, la clef.

JAVOTTE.

La clef de la cache? vous l'avez.

REBEC, se fouillant.

Mais non, je te l'avais prêtée pour le vin. Ah! si! la voilà. Elle est si petite!

JAVOTTE.

Vous allez donc encore vous cacher contre les brigands? Mais si c'est les Sauvières, vous vous jetez dans la gueule du loup!

REBEC, qui essaye la clef.

Les Sauvières, je n'en ai pas peur... — Ah! mon Dieu!

JAVOTTE.

Quoi donc?

REBEC.

Mais... mais je ne peux pas ouvrir!

JAVOTTE.

Vous aurez emmêlé la serrure à force de l'essayer.

REBEC.

Non! non! (Reculant avec épouvante.) On a fermé en dedans!

JAVOTTE.

C'est donc qu'on serait venu du dehors.

REBEC.

Qui? les brigands?

JAVOTTE, regardant au fond.

Et par là, voilà les bleus!

REBEC.

Est-ce qu'on va se massacrer ici!

SCÈNE III.

REBEC, JAVOTTE, ALAIN ET MOTUS.

ALAIN, au dehors, à Chaillac.

Merci, commandant; dirigez seulement mes fourriers; moi je connais les aîtres. (Il entre, un volume en parchemin sous le bras; Motus le suit, portant sa valise.)

REBEC.

Général...

ALAIN, jetant les yeux autour de lui; à lui-même.

Quelle dévastation! quelle tristesse! — Ah! on a laissé la quenouille... (Il s'assied près de la table, pensif.)

REBEC.

Général...

MOTUS, lui frappant sur l'épaule.

Dis *capitaine*, citoyen. Mon capitaine n'est que capitaine. Et puis, laisse-le tranquille à ses méditations. Il est bon, juste et maternel pour ses hommes, mais acariâtre et récalcitrant aux intempestifs.

REBEC.

Ah bien! bien! — Qu'est-ce qu'il tient donc? un livre?

MOTUS.

Un livre en langue étrangère et grecque, où il se complaît journellement à s'instruire, à l'instar du général Hoche et autres têtes savantes de l'armée.

REBEC.

Un livre! ça doit bien le gêner dans la bataille!

MOTUS.

Au contraire! il se l'affecte sur la poitrine, et c'est une cuirasse conditionnée! Ce parchemin-là a déjà reçu trois blessures. (A Javotte.) Sur ce, la jolie fille, si vous vous voulez avoir l'effet de mettre la valise de mon capitaine dans sa chambre...

JAVOTTE.

Oui, citoyen soldat. Tiens! c'est gentil un militaire qui dit *vous* à une femme!

MOTUS.

La politesse est le devoir réciproque à l'égard du sexe qui embellit la vie. (Il l'embrasse gravement.)

REBEC.

Eh bien! eh bien!

ALAIN, se retournant.

Motus!

MOTUS.

Mon capitaine?

REBEC.

Citoyen capitaine... (Javotte sort, emportant la valise.)

ALAIN.

Tiens! Rebec!

REBEC.

Vous me connaissez!

ALAIN.

Eh bien, et toi, tu ne me reconnais donc pas?

REBEC.

Attendez donc!... sapristi! monsieur le chevalier de Kerjean!

ALAIN.

Le capitaine Alain, voilà tout. — Motus!

MOTUS.

Mon capitaine?

ALAIN.

Je vous ai fait lever à minuit, mes enfants, sur un avis que j'ai reçu au camp, pour faire une reconnaissance. Mais nous restons ici jusqu'au jour. Dis-le aux autres et buvez la goutte à ma santé.

MOTUS.

Nous le ferons sensiblement, mon capitaine. (Il sort.)

SCÈNE IV.

ALAIN, REBEC.

ALAIN.

Comment te trouves-tu ici, toi, Rebec?...

REBEC.

Eh! bon Dieu! vous savez, le séquestre...

ALAIN.

Ah! ah! tu es préposé?

REBEC.

On m'a forcé d'accepter, et mon dévouement...

ALAIN.

Ton dévouement à la nation?

REBEC.

A votre famille surtout.

ALAIN.

Surtout est de trop, l'ami.

REBEC, l'observant.

Ah! vous êtes donc, vous, pour tout de bon, avec les patriotes, — avec nous?

ALAIN.

Comment! pour tout de bon? Tu demandes ça à un officier au service.

REBEC.

A la bonne heure! Alors, vous avez tout à fait rompu avec votre ci-devant famille?

ALAIN.

Ma ci-devant?... Es-tu absurde? Ma famille est toujours ma famille.

REBEC.

Oui, à un point de vue. Mais, depuis que votre beau-frère a trahi...

ALAIN.

Trahi! Si tu tiens à tes deux oreilles, — et je sais que tu y tiens, — ne répète pas ce mot-là devant moi, entends-tu! (Regardant la quenouille.) J'ai su par les lettres du comte à quelle nécessité d'honneur il a obéi. Il s'est trompé peut-être, mais comme se trompent les gens de cœur, en se sacrifiant.

REBEC.

Saperlotte! faites-moi donc le plaisir de me dire au juste quelles sont vos opinions.

ALAIN, haussant les épaules.

Pour y conformer les tiennes, hein? Eh! encore une fois, tu n'as qu'à regarder l'uniforme et les couleurs que je porte. Mais au-dessus des opinions il y a l'humanité... (Posant la main sur son livre.) N'est-ce pas, mon vieux Plutarque? Moi aussi, je vais passer pour avoir trahi; est-ce que je ne viens pas dans mon pays combattre ceux de ma caste? Seulement, je peux empêcher beaucoup de mal et faire un peu de bien; mes soldats sont mes enfants, et ils m'écouteront mieux qu'un autre. Je t'ai demandé, cher vieux livre: Qu'est-ce que ferait Épaminondas? Et je suis venu. (A Rebec.) Voilà! Comprends-tu? pas beaucoup?

REBEC.

Épaminondas?...

ALAIN.

Écoute: tu as une clef que tu appliques à toutes les opinions, ton intérêt; moi, j'en ai une autre, mon devoir. Et c'est ce qui me permet, camarade, d'aimer ma famille, tout en servant ma patrie.

REBEC.

Oh! vous d'abord vous avez toujours été un original!

ALAIN, riant.

Merci! — Maintenant tu vois que, si tu es resté dévoué aux miens, tu peux me renseigner sans crainte sur eux, sur le comte...

REBEC.

Puisque vous correspondez avec lui, vous en savez autant et plus que moi.

ALAIN.

Mais toi, restant ici, gardien du séquestre, n'as-tu pas de nouvelles, par exemple, de ma nièce? (L'observant.) Non? tu n'as pas reçu d'elle, récemment peut-être, quelque avis, quelque message?

REBEC.

Mais non! Chaillac veille, et la patrie est si soupçonneuse! On ne pénètre pas aisément ici!

ALAIN.

Allons! c'est bien. (A part.) Il a l'air de ne rien savoir. (Haut.) Bonsoir, tu peux te retirer.

REBEC.

Est-ce que vous allez finir la nuit dans cette salle? Les chambres sont sous les scellés, mais il y a ma chambre, la chambre bleue.

ALAIN.

Celle de la tante Roxane? Tu n'as pas mal choisi!

REBEC.

Capitaine, c'est à cause des odeurs; cette chambre embaume, et je suis fou des odeurs!

ALAIN.

Pauvre Roxane! elle couche peut-être maintenant dans une étable! — Allons, laisse-moi; je reste ici. Je lirai ou je dormirai sur une chaise.

REBEC.

Au moins, prenez un verre de Tokai. Sans cérémonie.

ALAIN.

Tu es trop bon! tu fais les honneurs de chez nous avec une grâce!... Bonsoir!

REBEC.

Serviteur, capitaine! (A part.) Pourquoi veut-il rester dans cette salle? (Il sort.)

SCÈNE V.

ALAIN, seul.

Ce maître Jacques ne paraît informé de rien. On se sera défié de lui,—ou il se défie de moi. (Allant à la porte secrète.) Oui, voilà toujours la porte de pierre, invisible même sans la boiserie. Mais il faudrait la clef. (Regardant à sa montre.) Quand ce petit diablotin breton m'a apporté au camp la lettre de Sauvières, il n'était pas plus d[illegible] Il lui aura fallu le temps d'aller retrouver Jacqueline au G[illegible], de la faire lever, de l'amener ici par le bois. Elles ne peuvent être arrivées encore.

SCÈNE VI.

ALAIN, MOTUS.

MOTUS.

Mon capitaine, sans te déranger, c'est un espion que le peloton du lieutenant a trouvé dans le bois d'en face se faufilant subrepticement. (Avec un geste significatif.) Est-ce qu'il faut?...

ALAIN.

D'abord, est-ce un espion? en êtes-vous sûrs? Amène-le.

MOTUS.

C'est que, sans t'offenser, mon capitaine, il ne parle pas. Il a l'air d'un étonné.

ALAIN.

Que tiens-tu là? une cornemuse?

MOTUS.

C'est tout ce qu'on a trouvé sur lui. Mais ça peut contenir des lettres.

ALAIN, palpant le biniou.

Non, rien. Voyons, où est-il?

MOTUS.

Il est là, mon capitaine. (Il jette à terre le biniou, et, allant à la porte du fond.) Allons! avance. (Cadio paraît, amené par quatre cavaliers.)

SCÈNE VII.

ALAIN, CADIO, MOTUS. Les quatre cavaliers restent au fond; Motus, droit et fixe, à distance. Cadio va pour ramasser son biniou.

ALAIN, l'arrêtant du geste.

Approche. Est-ce que tu ne parles pas le français?

CADIO.

Pardon, monsieur! je parle le français, je lis le français... (Entr'ouvrant du doigt le Plutarque.) Tiens! ça, c'est du grec.

ALAIN, étonné.

Comment! saurais-tu aussi le grec?

CADIO.

Non, mais je reconnais les lettres. Je sais seulement un peu de latin.

ALAIN.

Oh! oh! tu es imprudent, l'ami! Ou tu fais le simple.

CADIO.

Simple? oui, on dit que je suis un simple.

ALAIN.

Pour savoir du latin, es-tu prêtre ou moine?

CADIO.

Non, mais les moines m'ont appris... (Montrant son biniou.) Je suis sonneur de biniou.

ALAIN.

Ah! et sorcier, par conséquent?

CADIO.

Sorcier! pour ça, non! Je renie le diable.

ALAIN.

Oui, mais il te tourmente d'autant. Et, pour le contenter, combien as-tu déjà tué de bleus?

CADIO.

Moi, tuer? oh! jamais! — Je ne saurais pas.

ALAIN.

Pourquoi?

CADIO.

Je suis poltron.

ALAIN.

Tu t'en vantes? Je ne te crois pas. Ton nom?

CADIO.

Cadio.

ALAIN.

C'est ton nom de famille?

CADIO.

De famille? Je n'en ai pas.

ALAIN.

Tu es un enfant trouvé?

CADIO.

Il faut croire.

ALAIN.

De quel pays?

CADIO.

Je ne sais pas. On m'a trouvé dans les grosses pierres, au pays des anciens hommes.

ALAIN.

En Bretagne, dans les dolmens. Qui t'a élevé?

CADIO.

Personne et tout le monde. J'allais chez les moines d'un couvent qui est par là, pour chanter au lutrin. J'aurais voulu savoir la musique! Mais ils ne savaient que le latin. Et ils voulaient me faire moine. Ils m'avaient déjà coupé les cheveux! Mais, comme je m'en allais souvent seul sur la plage pour écouter le flot, ou dans la lande pour écouter le vent, ils ont cru que je me donnais au diable, et ils ont voulu m'enfermer. M'enfermer, moi? Je me suis sauvé! La dame, — la dame du château, — une bonne, bonne dame! m'a pris en compassion et m'a protégé. Elle avait une petite fille qui aimait ma musique et qui riait en me voyant. — C'est elle qui m'a donné mon biniou, — que vous allez me rendre, monsieur, n'est-ce pas? (Il fait un pas pour ramasser son biniou. Un geste de Motus l'arrête.) Un bien bon biniou! allez!

ALAIN.

Et le nom de cette dame?

CADIO.

Elle s'appelait... Mais qu'est-ce que ça fait, son nom? Qu'est-ce que vous avez donc à me questionner?

ALAIN, se levant.

Ah çà! mon brave, tu n'a pas l'air de te douter qu'on te soupçonne.

CADIO.

De quoi?

ALAIN.

Voyons, tu n'habites pas ce pays-ci?

CADIO.

Non.

ALAIN.

Eh bien, qu'est-ce que tu y viens faire?

CADIO.

J'y suis — pour le service d'une personne...

ALAIN.

De qui? Est-ce de cette dame?

CADIO.

Non; la pauvre chère madame... (Il s'arrête.)

ALAIN.

Allons! parle donc! pourquoi ne parles-tu pas? Tu avais quelque mauvais dessein.

CADIO.

Moi! je n'ai rien à réclamer, rien à défendre, par conséquent je n'ai de mal à faire à personne.

ALAIN.

Eh! tu as ta peau à défendre!

CADIO.

Je la cache. Il ne faut pas beaucoup de place pour ça.

ALAIN.

Eh bien, pourquoi la caches-tu? Qu'est-ce que tu faisais là, dans le bois, la nuit?

CADIO.

Je ne le dirai pas.

ALAIN.

Attendais-tu quelqu'un?

CADIO.

Je ne veux pas le dire.

ALAIN.

Alors, c'est clair, tu es un espion des brigands.

CADIO.

Moi? ah! bonté divine! je suis assez chagrin et malheureux de vos combats et tueries! ça n'est pas pour m'y mêler.

ALAIN.

Enfin, tu ne veux pas expliquer ta présence?

CADIO.

Ça ne se peut pas.

ALAIN.

Ça ne se peut pas? (Il fait un signe. Les cavaliers s'avancent.) Je t'avertis que tu vas être fusillé dans la minute.

CADIO.

Moi, fusillé! Vous allez me faire fusiller, vous!

ALAIN, avec une dureté affectée.

C'est l'ordre vis-à-vis des suspects, et, quand mon devoir l'exige...

CADIO.

Fusillé! ah! bons anges, préservez-moi de la mort! Fusillé! oh! non! non! ne me fusillez pas!

ALAIN.

Tu tiens donc bien à la vie?

CADIO.

Dame! comme tout le monde. Ils me l'ont pourtant bien gâtée, ma pauvre vie si douce, tous vos gens de guerre! Ils abîment les champs, ils troublent les fontaines, ils effarouchent les oiseaux, ils épouvantent les amours; et les oiseaux ne chantent plus, et la jeunesse ne danse plus. On se guette, on se surprend, on se tue. Mais c'est égal, monsieur, je ne suis pas méchant, moi, et je ne veux pas encore mourir.

ALAIN.

Parle; on te laissera vivre.

CADIO.

Tuez-moi, je ne parlerai pas.

ALAIN, à Motus et aux cavaliers.

Vous voyez ce gaillard-là, quinze balles dans la poitrine! (Il fait en arrière à Motus un signe qui contredit son ordre.)

CADIO.

Ah! mon bon Dieu! c'est donc possible! — Messieurs les bleus, une grâce : laissez-moi jouer un air de biniou avant de mourir; c'est ma prière, à moi.

MOTUS.

Où ton signal pour appeler les autres brigands. On n'est pas dupe de ces frimes-là, dans les Mayençais!

CADIO.

Vous me refusez ça! La volonté de Dieu soit faite! Cachez-moi les yeux, que je ne voie pas les fusils. Oh! les fusils! Cachez-moi les yeux.

ALAIN, à part.

Singulier mélange de peur et de courage! (A Motus.) Bande-lui les yeux.

CADIO.

O mon Dieu du ciel! vous me ferez grâce, vous. Je n'ai trahi ni menti. Je n'ai jamais fait le mal. Je n'ai pas voulu tuer, et on me tue. Adieu, mon biniou et les doux airs de ma musique! adieu les grands bois et les grandes bruyères! adieu les étoiles du ciel et le cantique des vagues! Je ne verrai plus la belle plage et les grosses pierres où je cueillais des gentianes bleues comme la mer.

ALAIN, à part.

Ce n'est pas un espion, ça! c'est un musicien! (Haut.) Parleras-tu, entêté! Il est temps encore.

CADIO.

Parler? jamais! Tuez-moi. Tuez-moi vite!

ALAIN, pendant que Motus bande les yeux de Cadio.

Si on te pardonnait, parlerais-tu, par reconnaissance?

CADIO.

Non, je ne pourrais pas; j'aime mieux mourir. Mais dépêchez-vous! (Sur un signe d'Alain, Motus et les cavaliers arment leurs carabines, mais sans les diriger sur Cadio.)

CADIO, bouchant ses oreilles au bruit des batteries.

Mon Dieu!... (La Korigane s'élance de la cachette.)

LA KORIGANE.

Arrêtez! (Se tournant, irritée, vers Alain.) Eh bien, vous allez tuer Cadio à présent!

CADIO, en levant son bandeau.

La Korigane!

ALAIN.

C'est toi, petite. (Souriant.) Tu le connais donc, ce Cadio?

LA KORIGANE.

Si je le connais? Mon pays! mon grand ami, quand j'étais petite! Eh! il est venu avec nous, avec...

ALAIN, mettant un doigt sur ses lèvres.

C'est bon! (Aux cavaliers.) Laissez-nous, mes enfants. (Ils sortent.)

SCÈNE VIII.

ALAIN, CADIO, LA KORIGANE.

ALAIN, allant à Cadio encore à genoux.

Ah çà, malheureux! mais cette dame qui t'a protégé autrefois, c'était ma pauvre chère sœur? la comtesse de Sauvières?

CADIO.

Mais oui.

ALAIN.

Eh! que ne le disais-tu?

CADIO.

Vous seriez, vous, pour lors ce monsieur Alain dont on a tant parlé?

ALAIN.

Sans doute.

CADIO.

Eh! que ne le disiez-vous? (Il se relève.)

ALAIN, riant.

Ah! ah! nous sommes deux Bretons, vois-tu, deux têtes dures! (A la Korigane.) Jacqueline?...

LA KORIGANE.

Elle est là; elle attend mon signal dans la salle du passage. (Bas.) Mais... que je vous parle seul.

ALAIN, à Cadio, lui désignant la tourelle.

Allons! entre là, mon gars. C'est brave à toi tout de même de t'être obstiné à ne rien dire.

CADIO.

Ah bien! la demoiselle ne m'ayant pas expliqué... Mais on n'a pas besoin de s'expliquer avec Cadio; on lui dit : Attends-nous là. Pourquoi m'étais-je laissé attraper marchant et rêvassant, quand je n'avais qu'à rester près des chevaux! La Korigane, si on a besoin de moi... (A Alain, timidement.) Je peux reprendre mon biniou?

ALAIN.

Parbleu!

CADIO.

Merci! (Le regardant.) Vous m'auriez fusillé, vous?

ALAIN.

Eh! non, je t'éprouvais.

CADIO.

Ah! tant mieux! Vous, le frère de la Dame, l'oncle de la Demoiselle! Je vous aime. Vous avez l'air si bon! (A la Korigane.) S'il avait été méchant, quel dommage! (Il sort par la gauche.)

SCÈNE IX.

ALAIN, LA KORIGANE.

LA KORIGANE.

Monsieur! vous avez lu la lettre que je vous ai portée, cette nuit, au camp?

ALAIN.

Oui; est-ce que tu sais ce que me dit le comte?

LA KORIGANE.

Je sais même ce qu'il ne vous dit pas, ce qu'il ne peut pas vous dire, ce qu'il ne sait pas.

ALAIN.

Quoi donc?

LA KORIGANE.

Il vous parle des dangers que court sa fille au milieu de tous ces gens de guerre, dans ces batailles terribles : à toute heure, il se peut qu'elle soit faite prisonnière, qu'elle soit blessée, blessée à mort. — Oui, mais il y a un autre danger encore...

ALAIN.

Comment! lequel?

LA KORIGANE.

Il se peut qu'elle aime!

ALAIN.

Qu'elle aime? qui?

LA KORIGANE.

Un moqueur, un cruel, qui ne l'aimerait pas, lui! qui la tromperait, qui la perdrait!

ALAIN.

Eh! qui, encore une fois?

LA KORIGANE.

Saint-Gildas.

ALAIN.

Le marquis de Gaël? Il est de son rang, il l'épouserait.

LA KORIGANE.

Est-ce qu'on peut lier Saint-Gildas? est-ce qu'on retient l'ouragan?

ALAIN.

Eh! que n'as-tu averti le comte?

LA KORIGANE.

Pour qu'il se batte? pour qu'il soit tué?

ALAIN.

Ou pour qu'il tue!

LA KORIGANE.

On ne tue pas Saint-Gildas!

ALAIN.

Et ma Jacqueline, l'enfant de ma sœur, aimerait ce mécréant?

LA KORIGANE.

Je n'ai pas dit ça!

ALAIN.

Enfin, elle risquerait de l'aimer?

LA KORIGANE.

Oh! mais elle ne l'aime pas, elle ne l'aime pas! rassurez-vous! Oui, ça vous tourmente..., vous êtes un bon parent, vous! Mais elle ne l'aime pas, allez! Je le dirais. Je vous jure qu'elle ne l'aime pas!

ALAIN.

Bien! mais l'avenir... Tu n'es pas un gardien suffisant, ma pauvre petite.

LA KORIGANE.

Vous croyez? Eh bien, là-dessus n'ayez pas non plus d'inquiétude. Je suis là toujours. Je veille. Je n'ai pas l'air, il ne me voit seulement pas, il ne se doute de rien; mais je vous réponds qu'il ne lui parle jamais seul. Je mets entre eux le père, — ou d'autre monde. Oh! il ne l'approche pas comme il veut. Il n'y a pas de danger, pas de danger! soyez donc tranquille!

ALAIN.

Mais le comte peut être séparé de sa fille : une déroute, une blessure...

LA KORIGANE.

Ah! voilà ! c'est là le grand risque! c'est ce qui fait M. le comte tout triste et tout inquiet. Il a de mauvais pressentiments, ce pauvre père. C'est pour ça qu'il vous a écrit et qu'il vous envoie la demoiselle, et que je vous l'amène. Mais à présent vous savez tout ; vous pouvez, vous, la sauver ; vous la sauverez ! Vite, maintenant, je l'appelle. (Elle va à la porte secrète, et appelle.) Demoiselle ! — Elle monte, la voilà. Tenez, prenez la clef de la cache. Et sauvez-la, même malgré elle !

ALAIN.

Oui, va, mon enfant, va. Oh! je vois que tu l'aimes bien.

LA KORIGANE.

Oui, et je hais Saint-Gildas! Je ne peux pas vous dire la crainte et le tourment que Saint-Gildas me cause... pour elle. (Elle sort par le fond.)

SCÈNE X.

ALAIN, JACQUELINE.

JACQUELINE, se jetant dans les bras d'Alain.

Mon bon oncle!

ALAIN.

Jacqueline! mon enfant!... Il y a pourtant deux ans que je ne t'ai embrassée! Que tu es grande et belle! tu ressembles encore plus à ta pauvre mère. Chère sœur! elle est partie à temps, hélas! pour ne pas voir ces désolations, son château en ruine, son mari et sa fille en fuite...

JACQUELINE.

Et son frère...

ALAIN.

Et son frère un buveur de sang, doit dire la tante Roxane.

JACQUELINE.

Cher oncle! vous si bon, si généreux! Je suis bien sûre que

ma mère vous eût ramené à notre cause, à la vôtre! Et savez-vous ce que moi-même, ici, cette nuit, à travers obstacles et périls, je viens faire auprès de vous?...

ALAIN.

Qu'est-ce donc, Jacqueline?

JACQUELINE.

Je viens essayer la tendre persuasion où aurait réussi ma mère.

ALAIN, secouant la tête, en souriant.

Oh! ma pauvre enfant! ce rebelle est bien endurci!

JACQUELINE.

Attendez! si je vous disais que je viens aussi par le conseil de votre ami et compagnon d'armes, de mon père. Oui, l'autre jour, quand nous avons appris que vous arriviez avec l'armée de Mayence et que vous alliez vous trouver, ennemi et armé, en face de nous, mon père a vu ma douleur, et il m'a dit : Va le trouver! Il a su que vous seriez ici cette nuit, et je suis partie, me voilà, et je vous apporte cette lettre, une longue lettre qu'il a écrite pour vous, la nuit dernière, et il pleurait en l'écrivant! (Elle lui remet la lettre, qu'il ouvre, et sur laquelle il jette seulement un coup d'œil.) Eh bien, vous ne la lisez pas?

ALAIN.

Jacqueline, la lettre que m'a écrite ton père, la Korigane me l'a apportée au camp, cette nuit, pendant que tu dormais. Il n'y a sous ce pli que quelques mots, et c'est à toi qu'ils sont adressés. (Il lui tend la lettre.)

JACQUELINE, lisant.

« Écoute Alain, ma fille bien-aimée, et fais pour l'amour de moi tout ce qu'il te dira. » Qu'est-ce que cela signifie?

ALAIN.

Cela signifie, mon enfant, que ton père ne t'envoie pas ici pour me ramener, mais pour t'éloigner.

JACQUELINE.

Comment?

ALAIN.

Chaque jour, dans cette guerre terrible, — qui va peut-être devenir horrible, — ton père, pour te préserver des périls, s'expose à des périls plus grands. Il souffre deux fois en te voyant souffrir. Tu dois, ma fille, lui épargner la plus cruelle de ces deux douleurs : la tienne. Tu dois le quitter.

JACQUELINE.

Le quitter? mon père veut que je le quitte! Oh! mais c'est impossible! que deviendrais-je? où irais-je? Vous ne pensez pas à me garder près de vous, je suppose; vous vous perdriez.

ALAIN.

Et je ne te sauverais pas. Mais ton père a tout prévu. Il y a en croisière sur nos côtes un navire anglais, *l'Albion*, dont le capitaine, sir Litton, est un vieil ami de la famille. Je n'aurais, moi, qu'à te conduire à Saint-Nazaire; une barque t'y attendra; Roxane devra t'y rejoindre. Dans quelques jours tu seras à l'abri.

JACQUELINE.

Et si je ne veux pas, moi, être à l'abri! Comment! vous me demandez d'abandonner mon père, de déserter ma cause et de fuir le danger parce que le danger grandit. Non! non! moi, je le réclame, ce noble danger, je l'aime! avec ses fatigues, ses émotions, ses fièvres. La mort est peut-être là, soit; mais d'abord la vie!

ALAIN.

O jeunes têtes exaltées, de quel droit mêlez-vous le roman que vous rêvez à l'histoire que nous faisons? — Prends-y garde, mon enfant! es-tu sûre de n'être animée en ceci que par l'amour de ton père et le dévouement à ta foi? En es-tu bien sûre?

JACQUELINE, troublée.

Mais... sans doute.

ALAIN.

Descends dans ton cœur : aucun autre attrait ne t'invite? aucun autre sentiment ne te retient?

JACQUELINE.

Aucun, je vous assure.

ALAIN.

Alors, pourquoi ta voix tremble-t-elle? — Mon enfant, mon enfant! il faut de toi-même consentir à me suivre, il le faut.

JACQUELINE.

Non, non! je refuse.

ALAIN.

C'est ton père qui te le demande, c'est ton père qui t'en prie.

JACQUELINE.

Impossible!

ALAIN.

Alors, c'est ton père qui l'ordonne. Et je dois, moi, exécuter ses ordres. Mademoiselle de Sauvières, vous êtes prisonnière de guerre, et vous ne sortirez d'ici que pour aller où il me plaira. (Il va à la porte secrète et la ferme.)

JACQUELINE.

Oh! mais c'est donc un piége!

ALAIN.

Un piége, soit; mais un singulier piége au fond duquel est le salut. — Voici le jour. Je vais donner les ordres pour le départ. Je reviens dans une minute, enfant mutin! (Il sort, en fermant la porte à double tour.)

SCÈNE XI.

JACQUELINE, puis CADIO.

JACQUELINE, seule, tournant autour de la salle.

Prisonnière! mais c'est pourtant vrai, je suis prisonnière. Et il va m'emmener de force. Et qu'est-ce qu'on pensera là-bas? Oh! je veux sortir d'ici, je sortirai! (Elle est devant la porte de la tourelle.) Non, là, pas d'issue. (Cadio paraît.) Cadio! Comment es-tu là, Cadio?

CADIO.

Demoiselle, on m'a...

JACQUELINE.

Peu importe! tu es là. Eh bien, Cadio, il faut m'aider; me

sauver. Cadio, on veut me retenir ici, de force. Tu comprends. Prisonnière. Et je veux partir, moi, partir, entends-tu, partir !

CADIO.

Partir, partir, moi, je ne demande pas mieux. Mais comment ?

JACQUELINE.

Je ne sais pas, cherchons. Cherchons, mon bon Cadio, je t'en prie, je t'en supplie.

CADIO.

Cette porte cachée par où vous êtes venue ?

JACQUELINE.

Fermée, et elle est épaisse comme la muraille.

CADIO.

La tourelle ?

JACQUELINE.

Sans porte, et la fenêtre a des barreaux.

CADIO.

Ça ne serait pas les barreaux ; mais trois étages ! (Allant à la baie de droite.) Et par là ?

JACQUELINE.

Les décombres ? un précipice ! Impossible.

CADIO, mesurant des yeux le terrain.

Mais non ! moi, habitué aux rochers, je n'ai pas peur des pierres. Et là-bas, en face, de l'autre côté, voyez donc, c'est la butte, le bois où sont nos chevaux.

JACQUELINE.

Et tu crois qu'on peut passer là ?

CADIO.

Moi, je passerais. Avez-vous le vertige ?

JACQUELINE.

Je ne l'aurai pas. Donne-moi la main. (Elle recule.) Oh ! non, c'est trop effrayant.

CADIO.

Vous ne pourriez pas marcher là, hein ?

JACQUELINE.

Non.

CADIO.

Alors fermez les yeux.

JACQUELINE.

Que vas-tu faire?

CADIO.

Eh bien, je vais vous porter, donc.

JACQUELINE.

Tu me porterais... là?

CADIO.

Dame! voulez-vous? (Jacqueline, sans répondre, passe résolûment son bras autour du cou de Cadio.) Fermez les yeux. (Il disparaît, l'emportant.)

SCÈNE XII.

ALAIN, LA KORIGANE, MOTUS.

ALAIN.

Tout est prêt... Eh bien, où est-elle? (Il court à la tourelle.) Personne! pas même Cadio!

LA KORIGANE, courant à la brèche.

Ah! là, voyez, Cadio l'emporte.

MOTUS, enjambant la balustrade.

Oh! attendez voir! (Reculant.) Sac à poudre! quel vide! (Saisissant sa carabine.) Mon capitaine, je ne toucherai que le gars.

ALAIN.

Non! faisons le tour en dehors.

LA KORIGANE, le pied sur la brèche.

Trop tard!

ALAIN, voulant l'arrêter.

Malheureuse enfant! tu ne peux pas les retenir!

LA KORIGANE.

Je les suivrai! (Elle disparaît dans les décombres.)

ACTE DEUXIÈME.

TROISIÈME TABLEAU.

Une oseraie. Carrefour irrégulier, fermé de deux côtés par un ruisseau et entouré partout d'un renflement de terrain qui cache le paysage. Au premier plan de gauche, une cabane de pêcheur, avec avant-corps extérieur, soutenu par deux gros piliers. A droite, au premier plan, croix de pierre fruste, exhaussée sur des dalles usées par le temps. Trois ou quatre sentiers courent, à divers plans, sur le monticule.

SCÈNE PREMIÈRE.

Le jour naissant.

CADIO, seul, au pied de la croix; il vient de jouer de la cornemuse.

J'ai joué bien doux pour ne pas la réveiller. Je crois pourtant que c'est à elle qu'il parlait, mon biniou. Oh! c'est qu'il joue tout seul, lui! dans les moments où j'écoute en moi je ne sais quoi. Je ne sais quoi?... C'est peut-être bien toi, grand Dieu du ciel! Tu parles, toi, au dernier des hommes, à celui que les autres hommes ne regardent seulement pas; tu n'es pas fier, toi! (Regardant vers la cabane.) La demoiselle non plus n'est pas fière! elle est bonne au pauvre monde; elle endure, voyez, les fatigues et les peines du pauvre monde; si bien que le pauvre monde a aussi, des fois, la consolation de la plaindre. (Il se lève.) J'espère qu'elle aura dormi un peu. Il était si tard dans la nuit quand elle est venue se réfugier là avec son père! et elle était si lasse! — Heureusement, tout a été bien tranquille : les feuilles, les joncs, le ruisseau. Oui, mais voilà le jour qui naît et le bruit des carnages qui va recommencer! Où donc trouver un coin de la terre où l'on n'entendra plus jamais ces maudits coups de fusil? — Hier, ceux qui vont avec le comte, les royalistes, ont été terriblement vaincus et massacrés; il va s'agir aujourd'hui de sauver ce qui reste. J'entends déjà là-haut, dans le pré, les pas des chevaux. C'est les chefs qui viennent trouver ici le comte. Voilà Saint-Gildas. Voilà la Grand'-Comtesse, celle qui commande aux autres, et même à lui. Misère! d'ici à une heure, tout sera encore feu et sang dans la campagne!

(Il disparaît derrière la cabane, le long du ruisseau.)

SCÈNE II.

SAINT-GILDAS entre par un chemin du fond, au moment où MADAME DU ROZERAY descend par le sentier de droite avec DE LUSSON.

MADAME DU ROZERAY.

Qu'est-ce que je vous disais, monsieur de Lusson? voici Saint-Gildas!

DE LUSSON.

N'oubliez pas, madame la comtesse, que le conseil des chefs...

MADAME DU ROZERAY.

Oh! je n'ai qu'un mot à lui dire. (De Lusson s'incline et sort.)

SAINT-GILDAS, apercevant madame du Rozeray, surpris.

Vous déjà, Aurélie!

MADAME DU ROZERAY.

Eh bien, mais et vous?

SAINT-GILDAS.

J'avais à m'entendre avec le comte, et je venais...

MADAME DU ROZERAY.

Oui, parler au père en contemplant la fille! Vive Dieu! après l'affreux désastre d'hier, il faut être vous, mon bouillant ami, pour songer encore à mêler l'amour à la guerre!

SAINT-GILDAS.

Oh! oh! mon impérieuse amie! me feriez-vous donc la grâce d'être jalouse?

MADAME DU ROZERAY.

Jalouse? cela est bon pour la romanesque enfant qui sommeille sous ce toit de chaume! J'ai l'âme trop fière et trop hautaine, vous devez le savoir, pour admettre ce timide et modeste sentiment, la jalousie. Avec vous, d'ailleurs, il aurait en vérité trop à faire! Non, je ne m'occupe pas des infidélités de l'amant, mais je me plains des faiblesses du capitaine.

SAINT-GILDAS.

Qui donc m'a vu jamais faiblir dans la bataille?

MADAME DU ROZERAY.

Je ne dis pas! mais vous avez hier faibli dans la déroute. Vous n'êtes pas fâché d'ordinaire de réunir sous votre commandement mes gens et les vôtres : les miens sont surtout des paysans, les vôtres sont un peu des bandits... Pourquoi donc, dans la fuite et la dispersion de cette nuit, avez-vous séparé votre troupe de la mienne?

SAINT-GILDAS.

Pour couvrir et protéger le détachement, si réduit, du comte.

MADAME DU ROZERAY.

Non! pour escorter jusqu'ici une jolie fugitive effarée. Eh bien, je vous dis, Saint-Gildas, qu'à ce jeu-là vous compromettrez, auprès des hommes et auprès des femmes, votre renom de victorieux. Oh! faites-y attention! ces amours innocents sont les plus dangereux, mon cher!

SAINT-GILDAS.

Dangereux... pour qui?

MADAME DU ROZERAY.

Pour l'ingénue qui risque un peu son honneur, sans doute, mais aussi pour l'inconstant qui risque beaucoup sa liberté. Si vous ne parveniez pas à séduire, vous seriez capable d'épouser!

SAINT-GILDAS.

Je ne crois pas! Mais ne faites pas la railleuse : on a toujours un moyen de me tenter, moi.

MADAME DU ROZERAY.

Lequel?

SAINT-GILDAS.

C'est de me défier.

MADAME DU ROZERAY, *vivement.*

Oh! puisque nous sommes convenus que je ne suis pas jalouse! — Voyons, Saint-Gildas! le sol brûle sous nos pieds; vaincus hier, nous serons peut-être écrasés tout à l'heure; ne pensons, ne parlons qu'en soldats. J'ai encore au carrefour du Grand-Chêne quatre cents gars, avec mes vaillants Place-Nette et Cœur-de-Roi. Il vous reste à peine autour de cette oseraie trois cents de vos chenapans, avec vos misérables Tirefeuille et Mâcheballe. Je vous demande et vous somme de vous rallier à nous avant une heure.

SAINT-GILDAS.

En laissant en arrière et en sacrifiant les cent vingt pauvres diables du comte?

MADAME DU ROZERAY.

Aimez-vous mieux vous perdre avec eux ou sauver l'armée avec moi? Choisissez. (*Paraissent, au fond, les chefs, gentilshommes et paysans.*)

SAINT-GILDAS.

Voici les chefs; le conseil en décidera.

MADAME DU ROSERAY.

Je ne resterai pas au conseil. J'y laisse Cœur-de-Roi. Mais retenez ma dernière parole : Vous serez venu me retrouver dans une heure, ou vous aurez disjoint à jamais, non-seulement nos troupes, mais nos fortunes et nos existences. Au revoir, ou adieu.

SAINT-GILDAS.

Je suis votre humble serviteur, madame la comtesse. (*Il la reconduit quelques pas. Elle sort par la droite.*)

SCÈNE III.

LES CHEFS VENDÉENS, *au nombre de douze ou quinze, entrent rapidement, les uns après les autres, et viennent se ranger sur les dalles autour de la croix de pierre. Parmi eux,* MACHEBALLE, TIREFEUILLE, CŒUR-DE-ROI, LARIBALIÈRE, DE LUSSON; LE COMTE, *qui sort de la cabane de pêcheur.*

DE LUSSON, *allant à la rencontre du comte.*

Mon cher comte...

LE COMTE, posant un doigt sur ses lèvres.

Chut, ami! Ma fille et ma sœur, brisées de fatigue, dorment encore; ne les réveillons pas. (Il va se placer à l'extrémité de gauche du demi-cercle. De Lusson près de lui.)

SAINT-GILDAS, au centre, au pied de la croix, en haut des marches.

Les minutes valent des existences. Délibérons rapidement.

LE COMTE, avec un regard vers la cabane.

Et sans bruit, n'est-ce pas, messieurs?

SAINT-GILDAS.

Où se sont arrêtés, cette nuit, les bleus?

MACHEBALLE.

A Fontevrault.

COEUR-DE-ROI, le premier à l'extrémité droite du demi-cercle.

Nous avons trois lieues d'avance.

DE LUSSON.

Pas tous les détachements!

LE COMTE.

Le mien, très-éprouvé, est en arrière d'une lieue.

SAINT-GILDAS.

Voici le plan de retraite que je propose : Tous les corps disséminés prennent pour but la forêt du Gavre. Nous nous y rejoignons ce soir. De là, nous gagnons la basse Bretagne et nous nous y reformons. Est-ce approuvé? (Tous lèvent la main.) C'est convenu.

L'ARIBALIÈRE.

Autre question : Faut-il se concentrer ou se diviser?

CŒUR-DE-ROI.

Oh! se concentrer! se réunir à la troupe la plus forte, à celle de la Grand'Comtesse.

DE LUSSON.

C'est exposer gravement les détachements affaiblis ou attardés.

LE COMTE.

Ne pensez qu'au salut commun. Si les miens sont surpris dans leur marche isolée, je suis prêt à mourir avec eux.

SAINT-GILDAS.

Il y a un moyen terme : former trois centres, Souvigné sur la droite, la Grand'Comtesse au milieu, moi sur la gauche, ici.

LARIBALIÈRE.

C'est bien dangereux !

CŒUR-DE-ROI et deux ou trois autres.

Oh! oui, oui!

MACHEBALLE, TIREFEUILLE et les autres.

Eh! non! non!

SAINT-GILDAS, imposant à tous silence du geste.

Levez la main, vous qui êtes pour ma proposition. (Huit mains se lèvent. Le comte s'abstient.) Ma proposition est acceptée. Chaque chef de centre aura tout pouvoir sur les groupes environnants. Et maintenant, amis, bon courage et bonne chance!

LE COMTE, soulevant son chapeau.

Et à la garde de Dieu!

TOUS, moins Saint-Gildas.

A la garde de Dieu! (Ils se serrent la main et s'éloignent par les différents sentiers.)

SCÈNE IV.

LE COMTE, SAINT-GILDAS, DE LUSSON; puis CADIO et LA KORIGANE.

LE COMTE.

Monsieur le marquis, donnez à votre monde l'ordre de se mettre en marche. Moi, je monte à cheval, je vais retrouver et guider ma pauvre troupe, et nous tâcherons, sinon de vous rejoindre, au moins de vous suivre de loin. Mais ne nous attendez pas une minute. (Paraît Cadio derrière les piliers. Peu après, la Korigane sort de la cabane.)

SAINT-GILDAS.

Pardonnez-moi, monsieur le comte, je peux et je veux vous attendre une heure... Ah! veuillez ne point discuter, je suis le chef.

LE COMTE.

Allons! j'accepte cet ordre généreux. A une condition pourtant. Si, d'ici à une heure, vous entendez la fusillade dans la direction de Saint-Christophe, c'est que j'aurai été surpris et attaqué par les bleus; alors ne vous perdez pas inutilement avec nous, et sur-le-champ mettez-vous en route.

SAINT-GILDAS.

Soit.

DE LUSSON.

Cher ami, mes gens sont moins exposés et plus proches. Laissez-moi aller vers les vôtres à votre place.

LE COMTE.

Non! j'en ai déjà perdu la grande moitié; plutôt que de retourner sans les autres vers leurs femmes et leurs enfants, j'aime mieux rester avec eux.

SAINT-GILDAS.

Oh! mais vous reviendrez! vous reviendrez!

LE COMTE.

Dieu le sait, moi j'en doute. Oui, c'est peut-être une faiblesse, mais, tandis que le jour monte autour de nous, je crois sentir descendre sur ma vie l'ombre et la mélancolie du soir.

SAINT-GILDAS.

Par exemple! je suis, moi, au contraire, plein d'espérance et plein de foi.

LE COMTE.

C'est que vous sentez, vous, que vous allez survivre. — Tant mieux! car j'ai à vous recommander, à vous comme à lui, (*Montrant de Lusson.*) ce qui m'est cent fois plus cher que la vie... (*Apercevant la Korigane.*) Mon Dieu! la Korigane, est-ce que ma fille est éveillée?

LA KORIGANE.

Non, monsieur, pas encore.

LE COMTE, à la fois content et triste.

Ah! c'est bien! il vaut mieux, je crois, que je ne lui dise pas adieu. Oui, oui, cela vaut beaucoup mieux. (A Lusson.) Vous savez, mon ami, elle a, avec ma sœur, un refuge prêt à cette ferme...

DE LUSSON.

Oui, Cadio répond du refuge, la route de Donges est libre, et le métayer vient chercher lui-même Mlle de Sauvières.

LE COMTE.

Merci! — Monsieur le marquis, je la confie à votre amitié.

SAINT-GILDAS.

Plus qu'à mon amitié! Ah! monsieur, ne l'ayant pas dit à elle, je puis le dire à vous : Je l'adore!

CADIO, à part.

Ah!

LE COMTE, solennellement.

Alors, — si vous le lui dites, — vous le lui direz... de ma part?

SAINT-GILDAS.

Je le jure.

LE COMTE.

C'est bien. Protégez-la tous, mes amis. (A Cadio qui s'approche, ému.) Toi aussi, Cadio.

CADIO.

Moi?...

LE COMTE.

Eh! oui, toi, un honnête homme! — Allons.

DE LUSSON.

J'ai, moi, un bout de chemin à faire avec vous.

SAINT-GILDAS.

Et moi, je veux vous tenir l'étrier.

LE COMTE.

La Korigane... (Il l'embrasse au front.) Tiens, tu lui diras de reprendre ce baiser-là sur ton front. (Ils sortent.)

SCÈNE V.

CADIO, appuyé contre un pilier, LA KORIGANE, puis SAINT-GILDAS.

LA KORIGANE.

Ah! le père s'en va, s'en va pour mourir peut-être! et Saint-Gildas va revenir!

CADIO.

Eh! il a juré!

LA KORIGANE.

Juré son amour, voilà tout!

CADIO.

Mais puisque nous la protégeons, nous?

LA KORIGANE.

Ah! mon pauvre bon Cadio! qu'est-ce que, toi, tu peux faire?

CADIO.

C'est vrai, je ne peux rien, moi, je ne suis rien! Et j'aime autant ça. Pourtant, depuis que j'ai pensé mourir...

LA KORIGANE.

Ça ne suffit pas, ça!

CADIO.

Oh! dame! s'il faut tuer!...

SAINT-GILDAS, rentrant.

Cadio, va voir si ce métayer est arrivé et reviens nous avertir.

CADIO.

Pour la demoiselle? Oh! oui, oui! (Il sort par la gauche.)

SCÈNE VI.

SAINT-GILDAS, LA KORIGANE.

SAINT-GILDAS.

Mlle de Sauvières n'est pas éveillée encore?

LA KORIGANE.

Je ne crois pas.

SAINT-GILDAS.

Eh bien, Korigane, entre le savoir, et, si elle est levée, prie-la de ma part de venir.

LA KORIGANE.

De venir vers vous? Non.

SAINT-GILDAS, l'arrêtant par le bras.

Tu dis?

LA KORIGANE.

Qu'est-ce que vous lui voulez?

SAINT-GILDAS, lui posant la main sur l'épaule.

Comme tu me parles!

LA KORIGANE, tremblante, et essayant de se dérober à son regard.

Ne me regardez pas!

SAINT-GILDAS.

Pourquoi donc?

LA KORIGANE.

Laissez-moi.

SAINT-GILDAS.

Tu as quelque chose contre moi, la Korigane?

LA KORIGANE.

Oui.

SAINT-GILDAS.

Eh! quoi donc?

LA KORIGANE.

Je ne sais pas.

SAINT-GILDAS.

Tu as l'air de me haïr.

LA KORIGANE.

Pourquoi riez-vous toujours?

SAINT-GILDAS.

Est-ce que, vraiment, tu me haïrais?

LA KORIGANE.

Oui.

SAINT-GILDAS, la tenant et la regardant toujours fascinée.

Tiens! tiens! il y a eu quelquefois des jolies filles qui m'ont dit qu'elles m'aimaient : en voilà une qui me hait. Et c'est dommage!

SCÈNE VII.

LES MÊMES, ROXANE, puis JACQUELINE, sortant de la cabane.

ROXANE.

Mon frère? Où donc est-il? — Ah! bonjour, marquis.

JACQUELINE.

Vous n'avez pas vu mon père, monsieur?

SAINT-GILDAS.

Sa petite troupe vient d'arriver; il est allé la mettre dans le chemin. Il vous rejoindra à la métairie de Donges.

JACQUELINE.

C'est vrai? c'est bien vrai? Vous ne me trompez pas? — Ah! ce sommeil que je n'ai pu vaincre! Pourquoi mon père est-il donc parti sans vous?

ROXANE.

Eh bien, il ne manquerait plus que de nous laisser seules dans ce désert, dans cette abominable hutte! Trop heureuses encore si, quelque nuit, nous ne dormons pas à la belle étoile! — Ah! cette guerre! cette guerre devient par trop... incommode!

SAINT-GILDAS.

Allons! allons! Du courage!

ROXANE.

Du courage? je n'en manque pas, il me semble! Quand est-ce que vous m'avez entendue me plaindre?

SAINT-GILDAS.

Oh! jamais! votre patience est admirable!

ROXANE.

Oui, mais ma patience ne supplée pas au nécessaire qui nous

manque. Voyez comme nous sommes faites! J'espère au moins qu'aujourd'hui on pourra nous procurer une voiture.

JACQUELINE.

Une voiture! nos pauvres blessés en ont besoin plus que nous.

SAINT-GILDAS.

On fera tout le possible, et, si vous voulez aller préparer votre bagage...

ROXANE.

J'y vais, mais pour ce qui nous en reste!... (Saint-Gildas lui donne la main jusqu'à la cabane.) Toujours galant, vous, marquis!

SAINT-GILDAS, lui baisant la main.

Avec vous, c'est si facile!

SCÈNE VIII.

SAINT-GILDAS, JACQUELINE, LA KORIGANE.

SAINT-GILDAS, à Jacqueline qui veut suivre Roxane.

Veuillez rester, mademoiselle de Sauvières, il faut absolument que je vous parle.

JACQUELINE.

A présent?

SAINT-GILDAS.

A présent. (A la Korigane.) Toi, laisse-nous; rentre, petite.

LA KORIGANE.

Mais... non! je ne dois pas.

SAINT-GILDAS.

Ah! je te dis de rentrer.

LA KORIGANE.

Demoiselle! est-ce qu'il faut?...

JACQUELINE.

Eh! pourquoi voulez-vous donc l'éloigner, monsieur?

SAINT-GILDAS.

Au fait, qu'elle reste, peu m'importe! (La Korigane va s'asseoir, inquiète et palpitante, derrière un des piliers de la cabane.)

JACQUELINE.

Qu'avez-vous à me dire? Mon père veut-il encore me séparer de lui? Ah! je sens bien qu'il désespère!

SAINT-GILDAS.

Votre père est allé où le devoir l'appelle. Mais, en partant, à tout hasard, il vous a confiée à moi.

JACQUELINE.

Confiée à vous?...

SAINT-GILDAS.

Oui, et moi je lui ai dit ce que maintenant je veux aussi vous dire, mais ce que vous avez dû, vous, sentir déjà, ce que déjà vous devez savoir: — que je vous aime.

JACQUELINE.

Ah! mais dans quelle minute et dans quel lieu me parlez-vous ainsi? Je ne sais quel instinct me dit que mon père est en danger; nous-mêmes nous sommes entourés partout du choc et du bruit des armes; et la terre où nous marchons est encore tremblante de la bataille.

SAINT-GILDAS.

Eh bien, c'est ce qu'il faut! c'est ce qui me plaît à moi! c'est ce que j'aime! Je trouve que le délire amoureux va bien avec l'ardeur guerrière! elles s'exaltent l'une l'autre, ces deux fièvres! L'odeur de la poudre qui est encore dans mes vêtements et dans mes cheveux est comme un parfum enivrant à mon cœur. — Eh! c'est parce qu'on va tout à l'heure se battre qu'il faut se hâter d'aimer! c'est quand on va peut-être mourir qu'il faut se hâter de vivre!

LA KORIGANE, à part.

L'entendez-vous, le mauvais ange!

JACQUELINE.

Ah! savez-vous, monsieur, ce que vous faites en ce moment? Eh bien, vous me punissez! Ces terreurs et ces périls que vous vantez, je me souviens que, moi aussi, je les ai souhaités, je les ai voulus, et que j'y ai même entraîné mon père. Mais, à présent, j'ai trop tremblé pour lui, j'ai trop vu souffrir, et, dans toutes ces sanglantes journées, dans celle d'hier surtout, j'ai trop souffert moi-même. Ah! que je n'entende plus ces cris et ces imprécations! que je ne voie plus ces horreurs! ce sang, ces blessures! j'en deviendrais folle!

SAINT-GILDAS.

Ah! il est trop tard! Nous nous sommes jetés dans cette tempête, il faut maintenant qu'elle nous porte ou qu'elle nous brise. — Avec moi, elle vous portera! — Mais, pour cela, il faut croire en moi, Jacqueline! Jacqueline, il faut m'aimer! m'aimer comme je vous aime!

LA KORIGANE, *à part, avec épouvante.*

Ah! elle va l'aimer! elle va l'aimer!

JACQUELINE.

Monsieur le marquis de Gaël, vous êtes, je le sais, pour notre cause un valeureux et inestimable combattant; on ne peut pas ne pas admirer votre énergie, votre hardiesse et votre flamme. Mais ces forces et ces richesses qui sont en vous, je sais aussi que vous en avez fait trop de fois un usage impie et funeste, et ces dons merveilleux, qui devraient seulement m'attirer, je vous avoue que le plus souvent ils m'épouvantent.

SAINT-GILDAS.

Et moi, c'est pour cette chasteté craintive, c'est pour cette fierté tremblante que je vous adore. Ah! si j'ai toutes les passions, comme on me le reproche, vous en feriez peut-être toutes les vertus. Soyez avec moi, marchez avec moi, voilà tout. Le destin nous a jetés sur la terre à une minute inouïe, au milieu du plus terrible et du plus splendide ouragan, et tout ce qui en France mérite le nom d'âme est emporté par ce fluide dans la région des tempêtes; en même temps que l'angoisse et l'épouvante, goûtons-en, épuisons-en du moins la gloire et le bonheur! Jacqueline! Jacqueline! au lieu de vous repentir de l'enthousiasme qui vous a jetée dans la bataille, portez-le donc dans l'amour. Affrontez cette guerre-là, c'est la plus enivrante de toutes. L'amour, c'est le triomphe suprême : les autres victoires humaines peuvent tout au plus conquérir le monde ; celle-là conquiert le ciel.

JACQUELINE.

Saint-Gildas ! épargnez-moi ! grâce !

LA KORIGANE, avec désespoir.

Ah ! elle est perdue ! comment voulez-vous ?

JACQUELINE.

Saint-Gildas ! je ne suis pas assez forte pour ces épreuves. Épargnez-moi ! j'ai peur.

SAINT-GILDAS.

Et de quoi, peur ? peur de mon passé malheureux et misérable ? Vous parlez de ma vie, connaissez-vous mon âme ? Elle semble, n'est-ce pas, souillée, indomptée, perdue ? Mais pourquoi perdue ? C'est que je cherche ! à travers le juste et l'injuste, à travers le bien et le mal, je cherche mon rêve ! à travers les amours, je cherche l'amour ! Ah ! voulez-vous que je l'aie trouvé ?

JACQUELINE, éperdue.

Saint-Gildas !... (Bruit de fusillade au loin.)

LA KORIGANE, s'élançant entre eux, avec un cri.

Ah ! la fusillade ! entendez-vous ? On attaque votre père !

JACQUELINE, à Saint-Gildas.

Est-ce vrai ?

SAINT-GILDAS.

C'est vrai.

JACQUELINE.

Mon père ! oh ! mais, alors, il est perdu !

SAINT-GILDAS.

Peut-être !... Peut-être on arriverait encore à temps pour le secourir.

JACQUELINE.

Saint-Gildas ! ah ! sauvez-le ! sauvez mon père !

SAINT-GILDAS.

Vous me l'ordonnez ?

JACQUELINE.

Sauvez mon père, et je suis à vous!

SAINT-GILDAS.

C'est dit!

LA KORIGANE, à part.

Qu'est-ce que j'ai fait?

SAINT-GILDAS.

Je le sauverai, ou je mourrai avec lui.

SCÈNE IX.

LES MÊMES, CADIO, amenant LE PÈRE CORNY.

CADIO.

Demoiselle! voilà l'homme qui vient vous chercher de la part de votre père.

SAINT-GILDAS.

Oui, partez! partez!

JACQUELINE.

Partir?... mais mon père!

SAINT-GILDAS.

Partez, ou je reste.

JACQUELINE.

Nous partons! nous partons!

LA KORIGANE.

Suis-nous, Cadio.

JACQUELINE.

Non, Cadio, reste, reste! et ne viens me retrouver qu'en m'apportant des nouvelles de mon père.

CADIO.

Je reste.

SAINT-GILDAS.

Et moi, je vais tenir ma parole! (Il s'élance par le fond. Jacqueline et la Korigane sortent par la gauche.)

SCÈNE X.

CADIO, seul.

Je reste, oui! Mais qu'est-ce que j'ai encore? ah! j'ai toujours peur! C'est plus fort que moi! je ne peux pas vaincre ça! (Cris au dehors, fusillade au loin.) La vie! la vie! écoutez! elle n'est pourtant pas si gaie! Et la mort, je l'ai vue, et sa vue m'a plutôt rendu meilleur. C'est égal! nous la craignons. On ne sait pas pourquoi on la craint, mais on la craint, il n'y a pas à dire. (Regardant au fond.) Ah! les brigands, ce coupe-jarret de Mâcheballe en tête! (Il se dérobe derrière les arbres.)

SCÈNE XI.

CADIO, UNE VINGTAINE DE VENDÉENS. — En tête, MACHEBALLE, TIREFEUILLE, puis LARIBALIÈRE.

MACHEBALLE.

Par ici, les gars! voilà une bonne cache.

TIREFEUILLE.

Pour y être pris comme des renards? non!

LES AUTRES.

Non! non!

MACHEBALLE.

Mille diables! on se révolte à c't'heure!

TIREFEUILLE, se jetant à terre.

Eh! on n'en peut plus! on n'en veut plus!

MACHEBALLE.

Attendons ici Saint-Gildas.

LARIBALIÈRE, accourant.

Saint-Gildas! il se battait comme un diable! Mais je l'ai vu tomber. Tué ou pris.

MACHEBALLE

Ça n'est pas vrai!

TOUS.

Si! si! Nous sommes perdus.

TIREFEUILLE.

Un prisonnier! (Cinq ou six autres Vendéens amènent Alain lié de cordes.)

VOIX DIVERSES.

On le tient! Amenez-le par ici. Par ici!

CADIO, derrière la croix, à part.

Le capitaine Alain! l'oncle de la demoiselle!

TIREFEUILLE.

Vengeons sur lui Saint-Gildas.

TOUS.

Oui! oui! à mort!

MACHEBALLE.

Eh! non, un officier! Qu'il jure de remmener sa compagnie, on le lâchera.

LES AUTRES.

Oui, oui, c'est ça! (On entend battre la charge au loin.)

MACHEBALLE, à Alain.

Entends-tu ce qu'on dit, gredin de bleu? Allons! jure.

ALAIN, calme.

Vous plaisantez, mes amis. Jamais.

MACHEBALLE.

Alors tu vas mourir!

LARIBALIÈRE, désignant le premier pilier.

Attachons-le là, (On attache Alain au pilier.)

TIREFEUILLE.

Sauve ta peau. Donne ta parole.

ALAIN.

Non.

MACHEBALLE.

On va te faire souffrir!

ALAIN, écoutant la charge qui se rapproche.

Vous n'en aurez pas le temps.

LARIBALIÈRE.

Les bleus!

TOUS.

Égaillons-nous!

MACHEBALLE.

Eh! ils sont loin encore. Jure ou meurs.

ALAIN.

Ils sont tout près.

LES VENDÉENS.

Sauve qui peut! (Ils s'enfuient tous, deux ou trois en jetant leurs fusils.)

MACHEBALLE.

Tu ne veux pas jurer?

ALAIN.

Non!

MACHEBALLE, armant son pistolet.

Eh bien, j'ai le temps de te casser la tête. (Il l'ajuste. Cadio a ramassé un fusil, s'élance sur Macheballe et lui enfonce la baïonnette entre les deux épaules. Macheballe tombe en poussant un cri rauque.) Ah!

CADIO jette un cri d'horreur.

Ah!... J'ai tué! j'ai tué!

ALAIN.

Vite, ami! Délie-moi vite!

CADIO.

J'ai tué, moi! j'ai tué un homme!

ALAIN.

Cadio!

CADIO, reculant, épouvanté, à l'appel.

Qu'est-ce que c'est? qu'est-ce que vous me voulez? Qu'est-ce que vous me dites?

ALAIN.

Eh! viens donc me délier, Cadio!

CADIO, essayant de le délier.

Ah! oui!

ALAIN.

Comme tes mains tremblent!

CADIO.

Voyez, voyez ce que j'ai fait pour vous.

ALAIN.

Tu as sacrifié un bandit à un honnête homme, tu as vaincu la peur pour payer la dette de l'amitié, tu m'as sauvé la vie! (Il a les mains déliées.) Embrasse-moi, mon cher Cadio! (Lui prenant la main.) Mon ami!

CADIO.

Vous m'appelez votre ami? C'est pour tout de bon que vous me parlez comme ça? Votre ami!

SCENE XII.

LES MÊMES, MOTUS, puis LE COMTE.

MOTUS.

Mon capitaine! ah! te voilà! vivant! Bonté de l'Être suprême! — Mais il y a un malheur, mon capitaine...

ALAIN.

Quoi donc?

MOTUS.

Regarde.

ALAIN.

Mon frère! (Des cavaliers républicains apportent le comte mourant. Alain et Cadio courent au-devant de lui, le prennent, le soutiennent et le portent sur les dalles au pied de la croix. Motus et les autres s'éloignent respectueusement.)

LE COMTE.

C'est ma fin! tant mieux si c'est la fin de la guerre civile!

ALAIN.

Mon frère...

LE COMTE.

Toi, Alain!

ALAIN.

Ne me repousse pas!

LE COMTE.

Cher Alain !... tu as fait ton devoir ! Moi, j'ai cru faire le mien. On réclamait mon sang, je l'ai donné. Où est ma fille?

CADIO.

Elle est en sûreté, bien cachée.

LE COMTE.

Merci, Cadio!

CADIO.

Vous me remerciez? moi qui suis cause...

LE COMTE.

La quenouille, oui. Toi aussi tu croyais bien faire. Alain, écoute. Ma fille... Saint-Gildas... je crains... Je ne sais plus... tout s'efface... Ta main, mon frère. — Je meurs en invoquant le nom de notre mère commune : Vive la patrie! (Il expire.)

ALAIN.

Mon pauvre frère! adieu! (Il l'embrasse au front. A Cadio.) Toi, va rejoindre sa fille. Cache-lui cette mort, et fais ce qu'il t'a dit : veille sur elle.

CADIO, regardant encore le cadavre de Mâcheballe.

Oh! oui, à présent, je peux protéger.

QUATRIÈME TABLEAU.

Place devant une ferme. A gauche, au premier plan, un hangar; la porte charretière ouvrant sur la cour de la ferme. Les bâtiments sont au fond, de face. Sur la droite, au fond, la berge de la Loire, derrière trois ou quatre gros arbres. Au premier plan, du même côté, des buissons en fleurs; on est au printemps.

SCÈNE PREMIÈRE.

PAYSANS, PAYSANNES, puis LE PÈRE CORNY, REBEC, JAVOTTE, LA KORIGANE.

PAYSANS, accourant effrayés.

Le Délégué! le voilà! le voilà!

LE PÈRE CORNY, entrant, désolé.

Le Délégué! oui, c'est bien le Délégué! il vient pour c'te terrible enquête.

REBEC, sortant de la ferme, avec épouvante.

Père Corny! père Corny! vous êtes perdu!

LE PÈRE CORNY.

Eh ben, et vous donc?

REBEC.

C'est chez vous que sont les brigandes de Sauvières!

LE PÈRE CORNY.

Oh! vous avez acheté la ferme; c'est chez vous!

REBEC.

Perdus tous deux alors!

JAVOTTE, s'approchant.

Eh! non, si vous avez un peu de tête!

LA KORIGANE.

Les dames sont bien cachées.

REBEC.

Mais veux-tu te sauver aussi, toi!

LA KORIGANE.

Au contraire; j'ai même envoyé chercher Cadio: tant mieux si nous détournons les soupçons, nous autres!

REBEC.

Ah! oui, tant mieux! Mais moi?... Voilà donc la récompense d'une hospitalité qu'on m'avait si bien payée.

AUTRES PAYSANS, accourant.

Le Délégué! le Délégué!

LE PÈRE CORNY.

Ah! je n'ai plus une goutte de sang!

JAVOTTE, bas à la Korigane.

De vrai, je suis glacée de peur, la Korigane.

LA KORIGANE.

Oh! mais n'ayons pas l'air.

SCÈNE II.

LES MÊMES, LE DÉLÉGUÉ DE LA CONVENTION, UN COMMISSAIRE DE L'ARMÉE, précédés et suivis de douze ou quinze cavaliers, qui viennent se ranger immobiles au fond. La foule, effarée et silencieuse, recule devant l'escorte.

LE DÉLÉGUÉ.

Pourquoi fuyez-vous, citoyens? pourquoi tremblez-vous? La mission que je remplis ici est faite, non pour vous effrayer, mais pour vous rassurer. L'odieuse guerre civile, qui a si cruellement dévasté ce pays, le menace et l'agite encore. Je viens achever de l'éteindre. Je viens, triste mais inflexible, et pénétré d'horreur pour cette guerre impie, rechercher au nom de la loi ceux qui pourraient la rallumer. Et ma venue ne doit pas vous causer plus de crainte que si, dans un incendie qui fume encore, vous voyiez un homme déterminé accourir et mettre le pied sur les derniers tisons en flammes.

LE PÈRE CORNY.

Aussi, citoyen délégué, nous v'là, nous, les officiers municipaux, ben empressés à vous aider.

REBEC, d'une voix étranglée.

A vous aider.

LE DÉLÉGUÉ.

J'y compte. (Sur l'ordre du Commissaire, on a apporté une table et des chaises.) Nous n'avons pas à nous occuper des habitants anciens du pays, mais vous aurez à nous renseigner sur les nouveaux.

REBEC.

Les nouveaux! est-ce qu'il y en a chez nous?

LE DÉLÉGUÉ.

Il y a toi d'abord, citoyen...

REBEC.

Lycurgue.

LE COMMISSAIRE, consultant ses notes.

Jean-Louis Rebec.

REBEC.

Dit Lycurgue.

LE DÉLÉGUÉ.

Tu as acheté cette ferme, devenue propriété nationale, et ceux d'ici t'ont nommé officier municipal parce que tu es actif et entendu. Tu n'en étais pas moins, il y a peu de mois, étranger à ce pays.

REBEC.

Étranger, oh! non! j'avais ici une tante. D'ailleurs, je suis connu dans tout le pays de l'ouest, j'y ai fait de nombreux commerces. J'ai été marchand de bœufs, marchand de chevaux...

LE COMMISSAIRE, consultant ses notes.

A Puy-la-Guerche.

REBEC.

A Puy-la-Guerche, oui. J'y ai même été aussi adjoint à Puy-la-Guerche. Vous voyez...

LE DÉLÉGUÉ.

N'y avais-tu pas servi autrefois la famille de Sauvières?

REBEC.

Oh! dans mon extrême enfance!

LE DÉLÉGUÉ.

Et, depuis que tu es ici, tu n'as eu aucun rapport avec cette famille?

REBEC.

Eh! avec qui donc? Le père a été tué. La fille et la sœur ont été prises, et, je crois, jugées.

LE DÉLÉGUÉ.

Ah! tu crois?

REBEC.

Pardon! je me rappelle à présent; elles ont suivi le fameux Saint-Gildas.

LA KORIGANE, s'oubliant.

Ça n'est pas!

LE DÉLÉGUÉ.

Cette petite dit vrai : elles n'ont pas suivi Saint-Gildas; elles sont quelque part sur ces bords de Loire, errantes ou cachées.

REBEC.

Ah!... mais pas ici toujours!

CORNY.

Bonnes gens! est-ce qu'on va nous molester pour du monde que nous ne connaissons seulement point?

LE DÉLÉGUÉ.

Encore une fois, la loi ne cherche et n'atteint que les coupables. Les coupables, dans ces déchirements civils, ont été trop souvent des femmes, et celles de la maison de Sauvières l'ont été au premier chef : elles ont eu dans l'insurrection un rôle actif et direct ; tu dois le savoir, citoyen Lycurgue?

REBEC.

Pour lors, elles ont mérité des châtiments effroyables!

LE DÉLÉGUÉ.

Elles et leurs complices. Mais je n'ai ici, moi, qu'à les poursuivre. D'autres les jugeront, à Nantes.

REBEC, avec épouvante.

A Nantes!

LE COMMISSAIRE, consultant ses notes, appelle.

Javotte Malgaigne.

JAVOTTE.

Présente, citoyen.

LE DÉLÉGUÉ.

Vous êtes employée chez le citoyen Lycurgue?

REBEC, important.

C'est la gouvernante de ma maison.

LE COMMISSAIRE.

Qu'est-ce que Cadio?

LE PÈRE CORNY.

Rien; un sonneur de biniou, qui nous fait danser les jours de fête.

LE DÉLÉGUÉ.

Est-il là?

LA KORIGANE.

Il va venir, on le cherche.

CORNY.

Oh! c'est un innocent qui va et vient sans trop savoir.

REBEC.

Et un bon patriote, citoyen délégué. C'est lui qui a tué le redoutable chef de brigands Mâcheballe.

LE DÉLÉGUÉ.

Qui a vu cela?

REBEC.

Mais...

LA KORIGANE.

Mais donc l'officier bleu qu'il a sauvé, le capitaine Alain.

LE DÉLÉGUÉ.

Alain Kerjean? prends garde! c'est le chef du détachement qui nous escorte. Mais toi, si résolue, qui es-tu?

LA KORIGANE.

La Korigane.

LE DÉLÉGUÉ.

Ceci est un sobriquet du cœur de la Bretagne.

LA KORIGANE.

Oui, qui signifie lutin ou follet. On le porte de mère en fille dans ma famille, parce que nous sommes toutes lestes, menues et grandes conteuses d'histoires.

LE DÉLÉGUÉ.

C'est ce qui me paraît. Que fais-tu ici?

LA KORIGANE.

Je gagne ma vie, donc! je garde les chèvres, et ça n'est pas tout plaisir. C'est du monde bien fou, allez!

LE DÉLÉGUÉ.

Tu as nommé le capitaine Alain. Te connaît-il?

LA KORIGANE.

Un peu, oui, je crois, à cause de Cadio, qui est de mon pays.

LE DÉLÉGUÉ.

Où est la Rose-Anne? — Personne ne répond?

REBEC.

Elle est... elle est aux champs, je crois.

SCENE III.

LES MÊMES, JACQUELINE, ROXANE, en paysannes, amenées par des soldats; MOTUS.

LE DÉLÉGUÉ.

Qu'est-ce?

MOTUS.

Citoyen délégué, c'est deux particulières qui avaient l'apparence de se cacher dans les genêts.

ROXANE.

Nous ne nous cachions pas! (Faisant un peu trop la paysanne.) On dormait un brin, quoi!

LE DÉLÉGUÉ.

Qui êtes-vous?

REBEC.

Hé! justement, c'est... c'est la Rose-Anne, avec la Jacqueline.

LE DÉLÉGUÉ.

Ah! fort bien! (A Motus.) Est-ce que votre capitaine a vu ces deux dormeuses?

MOTUS.

Sans te contredire, citoyen délégué, mon capitaine est à Mézillac où tu l'as envoyé toi-même avec le reste du détachement. Il ne revient que ce soir. Il ne sait même pas que nous sommes ici, puisque nous y sommes venus sur ton ordre, j'ose dire, inopinément.

LE DÉLÉGUÉ.

Bien! bien! c'est ce qu'il faut.

LE COMMISSAIRE, bas, montrant au Délégué des notes.

Mais vois donc, citoyen délégué, tout se rapporte, l'âge, le signalement.

REBEC, bas à Corny.

Nous sommes perdus!

LE DÉLÉGUÉ.

Rose-Anne, approchez. Vous habitez cette ferme?

ROXANE.

Oui, m'sieu le citoyen.

LE DÉLÉGUÉ.

Vous y êtes servante?

ROXANE, blessée dans sa dignité, s'oubliant.

Servante, moi!

LE DÉLÉGUÉ.

Ah! la question vous choque?

ROXANE.

Oh! je n'sommes point chouquai! mais, vous compernez, quand on est chez... chez...

LE DÉLÉGUÉ.

Chez qui?

ROXANE.

Eh ben, chez son cousin donc! Rebec... Lycurgue est mon cousin.

REBEC, à part.

Diable!

LE DÉLÉGUÉ.

Alors, à quel titre demeurez-vous chez ce cousin célibataire?

ROXANE, blessée dans sa pudeur.

M'sieu!... Oh! il n'y a point de mal à ça, mon bon citoyen. Rebec et moi, nous sommes... nous sommes...

LE DÉLÉGUÉ.

Vous êtes?...

ROXANE.

Nous sommes... fiancés.

LE DÉLÉGUÉ.

Ah! c'est autre chose!

REBEC, à part.

Diable! diable! diable!

LE DÉLÉGUÉ.

Et vous, la Jacqueline, vous êtes?...

JACQUELINE, avec empressement.

Servante, moi.

LE DÉLÉGUÉ.

Où êtes-vous née?

JACQUELINE.

Au pays d'Aunis.

LE DÉLÉGUÉ.

Avez-vous votre père et votre mère?

JACQUELINE.

Je ne les ai plus.

LE DÉLÉGUÉ.

Pas un parent? pas un répondant?

JACQUELINE.

Pas un.

LE DÉLÉGUÉ.

Au moins, vous n'avez pas quitté votre pays sans quelques papiers, un acte de naissance?

JACQUELINE.

Un acte?...

LA KORIGANE.

Ah! ben! des actes, qui est-ce qui en a? Les patriotes brûlent les papiers des fabriques, les brigands brûlent les papiers des mairies.

LE DÉLÉGUÉ.

Et on échappe ainsi à la légalité? Nous la rétablirons. (A Jacqueline.) Vous n'êtes sans doute pas mariée?

JACQUELINE.

Non.

LE DÉLÉGUÉ.

Mais enfin, jolie comme vous l'êtes, vous devez avoir un amoureux, ou, comme Rose-Anne, un fiancé?

JACQUELINE, troublée.

Moi, monsieur, je...

LA KORIGANE.

Eh! vous la confusionnez, c'te jeunesse. Oui, sûrement, elle est promise.

LE DÉLÉGUÉ.

Et qui est son promis?

LA KORIGANE.

C'est...

LE DÉLÉGUÉ.

Eh bien!

LA KORIGANE, apercevant Cadio qui entre.

Eh ben, le voilà, son promis! c'est le bon patriote Cadio.

JACQUELINE, à elle-même.

Cadio!

CADIO, stupéfait.

Hein!

LE DÉLÉGUÉ, à Jacqueline.

Est-ce vrai, ce qu'elle dit?

JACQUELINE, interdite.

Mais... oui, monsieur.

LE DÉLÉGUÉ, sévère.

Vous dites oui?

JACQUELINE, que pousse la Korigane.

Oui.

CADIO, comme étourdi.

Oh!...

LE COMMISSAIRE, bas au Délégué.

Voilà bien des fiançailles pour rire!

LE DÉLÉGUÉ, bas.

Je vais les rendre sérieuses.

LE COMMISSAIRE, bas.

Mais si nous tenons les ci-devant Sauvières?

LE DÉLÉGUÉ.

Eh bien, elles rachèteront leur vie en s'unissant à des citoyens du peuple, ou elles se livreront elles-mêmes. Qu'elles se perdent... ou qu'elles se sauvent! (Haut.) Jacqueline, Rose-Anne, vous affirmez devant nous des promesses certaines de mariage. Ces promesses vont être sur-le-champ accomplies.

JACQUELINE.

Comment!...

LE DÉLÉGUÉ.

Nous allons achever notre enquête au hameau du Bourdier. Que ces deux mariages soient faits régulièrement à la mairie, d'ici à une heure.

REBEC.

D'ici à une heure, mais...

LE DÉLÉGUÉ.

L'officier municipal Rebec étant un des époux, c'est son adjoint, le citoyen Corny, qui fera les deux mariages. Et, avant de partir, je veux voir, vous entendez, je veux voir les deux actes inscrits sur le registre de l'état civil.

ROXANE.

Mais, en une heure... c'est un peu prompt.

LE DÉLÉGUÉ, les regardant fixement.

Aimez-vous mieux que je vous emmène à Nantes? (Il sort avec le Commissaire. Les soldats et les paysans suivent.)

SCÈNE IV.

JACQUELINE, ROXANE, REBEC, CORNY, LA KORIGANE; CADIO, dans un coin, absorbé.

ROXANE, terrifiée.

A Nantes! Jacqueline, viens, viens, fuyons vite.

REBEC.

Fuir! ah! mais non!... Et nous? Nous serons donc perdus, nous, pour vous avoir sauvées!... Et ce n'est pas toute votre fortune qui payera nos têtes!

JACQUELINE.

Mais que faire?

LA KORIGANE.

Que faire? eh bien, ces mariages donc!

JACQUELINE.

Ces mariages!...

ROXANE.

Eh! au fait, ils ne comptent pas, ces mariages-là! Des mariages selon une loi que nous rejetons et qui ne durera pas six mois! Des mariages sans prêtre, sans autel et sans Dieu! Des mariages devant mon métayer, le père Corny!

CORNY.

Oh! pour vous autres, c'est pas des vrais mariages, pour sûr!

REBEC.

On déchirera le registre après, voilà tout. De grandes dames, à Nantes, se sont sauvées comme ça de la mort.

JACQUELINE, cachant son visage dans ses mains.

La mort! oh!...

ROXANE.

Allons! vite, consens donc! Eh! ces mariages-là font partie de notre déguisement. Voyons, est-ce que ça peut être sérieux que nous soyons mariées — par Corny, — moi à Rebec, toi à Cadio?

JACQUELINE, regardant Cadio avec un sourire.

Pauvre Cadio! c'est vrai. Eh bien, oui, allons! n'hésitons plus, sauvons ces braves gens, et nous-mêmes.

REBEC.

Vivat! Mais pour les apprêts, les actes, les témoins, pas une minute à perdre. Venez, venez.

LA KORIGANE.

Vous, demoiselle, parlez à Cadio; il ne doit pas, il ne peut pas comprendre. (Sortent Rebec, Corny, Roxane et la Korigane.)

SCÈNE V.

JACQUELINE, CADIO.

JACQUELINE, s'approchant de Cadio.

Cadio!... qu'as-tu donc? Tu as entendu?

CADIO.

Oui, mais pas bien. Je suis comme étourdi. Qu'est-ce que c'est que tout ça? Qu'est-ce que tout ça veut dire?

JACQUELINE.

Cela veut dire, Cadio, qu'il faut que tu me sauves.

CADIO, se levant.

Oh! ça, oui! Qu'est-ce qu'il faut que je fasse?

JACQUELINE.

Il faut que tu dises... que tu m'épouses.

CADIO.

Ah! que je dise?... C'était bien ça! Eh! mais, comme il vous plaira. Moi, vous savez, vous commandez... (Il se met à cueillir des roses blanches et de l'aubépine dans le buisson.)

JACQUELINE.

Oui, mais c'est pour tout de suite. Tu comprends? Le danger est là. L'échafaud! Ce Délégué terrible! Et, tant que j'ai l'espérance de retrouver mon père vivant, c'est mon devoir de vivre. Il y a encore là pour toi un risque, c'est vrai; oui, un autre précipice plus affreux à me faire traverser, et je te dis encore : Donne-moi la main... Tu m'écoutes? Qu'est-ce que tu fais donc?

CADIO, lui tendant le bouquet.

Je cueille votre bouquet de mariée, demoiselle.

JACQUELINE.

Ah! bon Cadio! merci! merci! (Elle prend le bouquet.)

CADIO.

Est-ce que?... est-ce que vous allez le mettre à votre ceintur ?

JACQUELINE, attachant le bouquet.

Eh! certainement. Tiens. Et un anneau? Il en faudra un peut-être?

CADIO.

Ah! un anneau?

JACQUELINE.

Tu n'en as pas?

CADIO.

Non. — Ah! si! ce petit cercle d'argent à mon biniou. (Il le détache.) C'est votre mère qui me l'a donné, le biniou...

JACQUELINE.

L'anneau est une chose sainte alors, une relique que nous nous partagerons.

CADIO.

Le voilà à mon doigt, (Ému.) et tout à l'heure au vôtre...

SCÈNE VI.

LES MÊMES, LA KORIGANE.

LA KORIGANE.

Vite, demoiselle, vite. Le Délégué.... il est déjà à la mairie. Vite!

JACQUELINE.

Je suis prête.

LA KORIGANE.

Allons! Cadio, allons! donne ta main à ta fiancée.

CADIO.

Me voilà. — Ah! c'est étonnant! les rêves que je voyais dans ma musique, il semblerait qu'ils vivent. (Sortent Cadio et Jacqueline.)

LA KORIGANE, seule.

Enfin, partis! et la mairie n'est pas loin. Il était temps: je viens de voir Saint-Gildas... Oui, oh! c'était lui! je l'ai senti là. Lui, avec deux autres. Ah! le voilà encore. Oh! mais tu viens trop tard; oui, va, trop tard! (Elle sort vivement par le fond.)

SCÈNE VII.

SAINT-GILDAS, DE LUSSON, TIREFEUILLE.

La nuit tombe pendant cette scène.

SAINT-GILDAS, à Tirefeuille.

C'est bien ici, tu es sûr?

TIREFEUILLE.

Très-sûr.

SAINT-GILDAS.

Tu l'as vue ce matin, elle?

TIREFEUILLE.

Comme je vous vois.

SAINT-GILDAS.

Eh bien, va, fais le tour de la ferme et remets-lui ce billet. (Sort Tirefeuille.)

DE LUSSON.

Tu te fies trop à cet homme: une espèce de bandit!

SAINT-GILDAS.

Les gens compromis à ce point ne peuvent plus trahir. — Ah! quelle fièvre d'impatience! Si j'allais moi-même....

DE LUSSON.

Un instant. Tu veux soustraire mademoiselle de Sauvières à tous les dangers qu'elle court ici, et je le veux comme toi; mais, avant de faire un pas de plus, tu vas me donner la parole que je réclame.

SAINT-GILDAS, avec impatience.

Ah! encore?

DE LUSSON.

Toujours.

SAINT-GILDAS.

Je n'ai jamais dit non.

DE LUSSON.

Tu n'as jamais dit oui.

SAINT-GILDAS.

Que crains-tu? n'est-il pas convenu que nous emmenons aussi la tante? Par exemple, c'est toi qui t'en charges.

DE LUSSON.

Oui, nous partons tous ensemble. Mais cela ne me suffit pas. Jacqueline croit son père encore vivant. Pour la déterminer à nous suivre, et aussi pour ne pas jeter la pauvre enfant dans le désespoir, tu vas lui dire que nous venons la chercher de la part de celui qui n'est plus. J'y consens. Mais ce mensonge est le seul où je veuille être ton complice. Jacqueline m'a été confiée par son père dans des adieux suprêmes, et je ferai respecter ce testament d'honneur.

SAINT-GILDAS.

Voyons, qu'exiges-tu donc, mon rigoriste ami?

DE LUSSON.

Tu vas me faire le serment — qu'un prêtre consacrera et légitimera ton union avec Jacqueline de Sauvières, et qu'elle n'entrera sous ton toit que marquise de Gaël.

SAINT-GILDAS.

Mais nous nous aliénons la Grand'Comtesse?

DE LUSSON.

Si tu n'as pas rompu sans retour avec madame du Rozeray, je ne te laisserai seulement pas adresser la parole à Jacqueline.

SAINT-GILDAS.

Et si je résiste à cette contrainte, que feras-tu? Vas-tu me livrer?

DE LUSSON.

Nous allons nous battre.

SAINT-GILDAS.

Ah! je ne cède pas à la menace.

DE LUSSON.

Je le sais bien; mais cède à l'honneur! cède à notre amitié! cède à ton amour, si tu aimes!

SAINT-GILDAS.

Eh! certainement, j'aime! j'aime comme je n'ai peut-être jamais aimé!... (*A part.*) Nous n'en finirions pas, avec ses vertueux scrupules! (*Haut.*) Allons! voyons, sévère moraliste, j'aime jusqu'à enchaîner ma vie!... Eh! qu'importe, après tout! que signifie l'avenir dans le temps où nous sommes et avec cette vie qui côtoie toujours la mort? Tu veux ma parole? (*Lui tendant la main.*) Je te la donne.

DE LUSSON.

Je la prends. Merci. Et maintenant agissons. (*Il sort. Rentre Tirefeuille.*)

SAINT-GILDAS.

Ah! eh bien, tu as remis le billet?

TIREFEUILLE.

Pas possible. C'est plein de monde. Il y a des noces, je ne sais quoi. Tenez, on vient.

SAINT-GILDAS.

Cache-toi derrière ces buissons, et ne bouge.

SCÈNE VIII.

SAINT-GILDAS et TIREFEUILLE cachés. LA NOCE; un CORNEMUSEU en tête, jouant du biniou; CORNY, portant une grosse lanterne; REBEC, avec son écharpe, donnant le bras à ROXANE; CADIO, donnant la main à JACQUELINE; PAYSANS, SOLDATS.

SAINT-GILDAS, *sous le hangar, voyant entrer Roxane.*

La tante! Quelle est cette mascarade? (*Voyant Jacqueline avec Cadio.*) Elle aussi! est-ce que je deviens fou?

REBEC, se battant les flancs.

Allons! mes enfants, les bleus nous regardent, il s'agit de s'amuser. Amusez-vous! comme officier municipal, je vous l'ordonne. (Piteusement.) Amusons-nous !

CORNY, tout tremblant.

Amusons-nous, oui! La ronde et la chanson de la mariée. (On se met en place pour la ronde, chacun choisit sa chacune. Le cornemuseu va pour monter sur la table-estrade.)

CADIO, lui reprenant son biniou.

Mon camarade, rends-moi ça; tu gâtes la voix à mon biniou. C'est moi qui en jouerai comme les autres fois.

JACQUELINE.

Tu ne vas donc pas me faire danser, Cadio ?

CADIO.

Si fait! mais en vous jouant la danse. Je n'ai dansé de ma vie, et ne veux point vous faire rire de moi.

TIREFEUILLE, de l'autre côté, bas à Saint-Gildas.

La barque est là, au bas du talus.

SAINT-GILDAS.

Bien! — Écoute : tu vois ce joueur de biniou ?

TIREFEUILLE.

Cadio! qui a tué Mâcheballe!

SAINT-GILDAS.

Tu l'empêcheras de nous suivre.

TIREFEUILLE.

Faut vous en débarrasser, hein ?

SAINT-GILDAS.

Oh!... seulement si c'est nécessaire.

TIREFEUILLE.

Suffit. (Il s'esquive dans l'ombre.)

SAINT-GILDAS, à part.

Il faut pourtant que je trouve le moyen de parler à Jacqueline.

REBEC.

Eh bien, y sommes-nous, à cette ronde? Allons! de l'entrain! de la gaieté!

(La ronde. On tourne lentement, en regardant avec crainte les bleus. Jacqueline et Roxane sont assises, près de Cadio, qui, sur un tréteau rustique, accompagne la danse de son biniou.)

LES PAYSANS ET PAYSANNES chantent en dansant.

On vient de vous lier, madam' la mariée,
Avec un chaînon d'or
Qui n'délie qu'à la mort.

REBEC.

Allons! vous avez l'air de porter le diable en terre! Plus gai, plus chaud! ou je vais sévir!

LES PAYSANS, dansant.

Avez-vous ben compris comment il fallait être?
Fidèle à votre époux,
Et l'aimant comme...

CADIO, apercevant Saint-Gildas dans la foule.

Saint-Gildas! (Il jette son biniou.)

REBEC.

Eh bien, qu'est-ce qu'il y a? La fin de la danse?

TOUS.

La danse! la fin de la danse!

CADIO.

Ah! c'est fini, la danse! (A part.) C'est fini, le rêve!

CORNY, vivement.

Pour lors, mes amis, le festin! des crêpes et du cidre! (Aux bleus, avec amabilité.) Avec un broc de vin de Saintonge pour les défenseurs de la nation.

TOUS.

Vive le père Corny! vivent les mariés! (On rentre dans la ferme, en désordre.)

SCÈNE IX.

SAINT-GILDAS, qui retient JACQUELINE; CADIO, caché.

SAINT-GILDAS.

... De la part de votre père...

JACQUELINE, le reconnaissant.

Ah!... Mon père! j'en étais bien sûre, il est vivant!

SAINT-GILDAS.

Je viens vous chercher en son nom.

JACQUELINE.

Vous l'avez sauvé? merci!

SAINT-GILDAS.

J'ai tenu ma parole, je suis tombé mourant à ses côtés. Il avait été blessé aussi.

JACQUELINE.

Voilà donc pourquoi j'étais sans nouvelles! Mais vous?...

SAINT-GILDAS.

Je suis à peine rétabli; mais j'aurai la force de vous emmener, de vous protéger. Venez, hâtons-nous.

JACQUELINE.

Mais, ma tante?...

SAINT-GILDAS.

Elle est avertie par Lusson; elle nous rejoint.

JACQUELINE.

Mais le Délégué?.... Il va repartir, je sais bien; mais....

SAINT-GILDAS.

Ah! c'était donc pour le Délégué, ce semblant de noce qui m'indigne? J'ai vu votre main dans la main de ce rustre, de ce fou!

JACQUELINE.

Ah! pauvre Cadio! parce qu'il s'est prêté à une formalité périlleuse...

SAINT-GILDAS.

Comment! il y a donc eu mariage?

JACQUELINE.

Pour la feinte, pour l'apparence. Mais je ne puis partir qu'après m'être assurée,...

SAINT-GILDAS, *jaloux.*

Ah! mademoiselle de Sauvières! vous me forcez à vous le dire, votre père n'est pas guéri. Son état est grave. Il réclame vos soins. N'attendez pas qu'il soit trop tard!

JACQUELINE.

Oh! mon pauvre père! lui, lui avant tout! Courons.

CADIO, *se jetant au-devant d'elle.*

Il vous trompe, celui-là! Votre père....

JACQUELINE, *bondissant, avec un cri.*

Il est mort?

CADIO, *effrayé de sa douleur.*

Oh! non! mais il est.... il est parti.

SAINT-GILDAS.

Eh! qu'en sais-tu, imbécile?

JACQUELINE.

Oh! monsieur le marquis!.., — Adieu, Cadio. J'emporte ton anneau comme gage de ton dévouement. Mais voici le fiancé véritable à qui j'étais engagée. Viens nous rejoindre, ami. Et, tiens, pour le voyage... (*Elle lui met une bourse dans la main, et disparaît avec Saint-Gildas.*)

SCÈNE X.

CADIO, *seul, puis* TIREFEUILLE, *qui se glisse invisible dans l'ombre.*

CADIO, *regardant la bourse avec stupeur.*

Oh! de l'argent! — La voilà donc la fin de ces belles choses, de ces belles amitiés, de ces beaux songes! (*Il prend dans la bourse* cinq ou six pièces d'or et les jette à terre.) De l'argent!... — Cadio, tu m'es dévoué, je suis en grand péril, il faut me sauver, mon bon Cadio! — Comment! mais je suis prêt, moi; prenez ma vie, prenez mon sang, prenez mon cœur, prenez! (Il jette au vol d'autres pièces.) De l'argent!... — Et, maintenant, rustre, imbécile, fou! voilà mon vrai fiancé! et, tiens, toi, quitte à quitte! tu m'aimes, je te paye! (Jetant le reste de la bourse et la bourse même.) De l'argent!... — Eh! mais oui, je suis fou! je la laisse partir. (S'élançant vers la berge et criant.) Votre père est mort!

TIREFEUILLE, sautant hors du buisson.

Tu te tairas! (Il le frappe d'un coup de couteau et s'enfuit.)

CADIO, portant la main à son côté.

Eh bien, qu'est-ce que c'est? Qui m'a frappé? Du sang! Ce n'est rien. Allons! (S'arrêtant, suffoqué.) Il m'a fait grand mal, ce traître! Allons! allons! — Ah! je ne peux plus! (Il tombe.) Oh! le lâche! le lâche!

SCÈNE XI.

CADIO, LA KORIGANE, amenant ALAIN.

LA KORIGANE.

Venez, venez. Eh bien, où est-elle? (Appelant.) Cadio!

ALAIN, heurtant Cadio étendu.

Qu'est-ce là? Cadio!... Qu'as-tu?

CADIO.

Rien.... Ah! si! ils sont partis! il l'emmène!

LA KORIGANE.

Saint-Gildas! Ah! courons!

CADIO, se redressant.

Oui, courons! (Il chancelle.)

ALAIN.

Mais tu es blessé, mourant!

CADIO.

C'est égal, ça! courons, je mourrai après, (Il fait un pas et retombe.)

LA KORIGANE, avec désespoir.

Non, il ne peut pas!

CADIO, avec un cri de rage.

Ah! me venger! l'égaler, le dépasser, l'écraser! Qu'est-ce qu'il faut être pour ça! quoi? bandit? quoi, dites?

ALAIN.

Soldat.

CADIO.

Oui, soldat!

ALAIN, le soutenant.

Eh bien, viens.

LA KORIGANE va pour ramasser le biniou à terre.

Et ton biniou?

CADIO.

Allons donc! non! plus ça! — Un sabre!

ACTE TROISIÈME.

CINQUIÈME TABLEAU.

Salle d'auberge rustique. — A gauche, au premier plan, cinq ou six marches de face conduisant à un palier et à une porte extérieure. Porte au fond. A droite, porte vitrée et fenêtre, avec escalier extérieur en élévation sur la rue.

SCÈNE PREMIÈRE.

LA KORIGANE, JAVOTTE, entrent avec précaution par la porte du fond.

JAVOTTE.

De si grand matin, personne heureusement n'a pu vous voir. Où avez-vous laissé madame Jacqueline et madame Roxane?

LA KORIGANE.

Dans la cavée de Korlescant.

JAVOTTE.

Bon! derrière notre enclos, vous n'aurez qu'à y entrer. Mais dites bien à ces dames de ne pas se montrer tant que le colonel Alain ne sera pas revenu. (Détachant une clef d'un trousseau.) Tenez, voilà la clef. Sortez par la porte de la cour. (Elle conduit la Korigane jusqu'aux marches de gauche.) Rebec, le patron, est dehors depuis trois heures de la nuit; mais il peut rentrer d'une minute à l'autre, et il ne faut pas qu'il vous voie.

LA KORIGANE, sur les marches.

Vraiment! vous croyez, Javotte, que Rebec serait capable de nous trahir?

JAVOTTE.

Dame! il est aujourd'hui ce que vous l'avez vu l'an dernier, il est dans son auberge de Carnac ce qu'il était dans sa ferme de Donges. Il croit pour l'instant à la victoire des royalistes. Alors, vous comprenez, il serait plutôt porté pour Saint-Gildas. Et, si vous avez peur que le marquis ne poursuive ces dames jusqu'ici...

LA KORIGANE.

Oh! oui, c'est là le danger!

JAVOTTE.

Après un an de mariage, est-il Dieu possible, la Korigane, que mademoiselle de Sauvières... je veux dire que madame la marquise de Gaël soit comme ça obligée de se sauver de son mari!

LA KORIGANE.

Oui! et si Saint-Gildas la rejoint et la remmène chez lui, le malheur sera grand pour elle! Mais, une fois sous la protection de son oncle Alain... Écoutez! n'est-ce pas lui?

JAVOTTE.

Non! non! c'est Rebec! sauvez-vous! (La Korigane remonte vivement les marches et disparaît par la porte de gauche.)

SCÈNE II.

JAVOTTE, REBEC, enveloppé d'une vareuse et coiffé d'un bonnet de laine.

REBEC.

Bonjour, ma mie Javotte. Rien de nouveau à l'auberge? Il n'est venu personne?

JAVOTTE.

Personne... Et vous, avez-vous fait de bonne besogne?

REBEC.

Pas trop. Mauvaise nuit! un temps magnifique, un clair de lune désespérant!

JAVOTTE.

Vous vous ferez prendre avec vos manigances!

REBEC.

Oh! que non! j'ai ingénieusement éparpillé mes dépôts : ici les habits, là les cartouches, ailleurs le riz, l'eau-de-vie; et dans un coin à part tout ce qu'il y avait de mauvais et de gâté, des rebuts magnifiques!

JAVOTTE.

Des rebuts! pourquoi faire?

REBEC.

Eh! mais, comme patriote, je vais aller dénoncer ces rebuts aux bleus.

JAVOTTE.

C'est ça! Et vous les ferez payer aux blancs?

REBEC.

Dame! est-ce juste?

JAVOTTE.

Les blancs, on vous les passerait encore; mais les Anglais s'en mêlent!

REBEC.

Javotte, ne parlons pas politique! Mon Dieu! moi aussi, j'ai des opinions : d'une main je me suis allié à la noblesse, de l'autre j'ai exercé des fonctions très-nationales, de l'autre... Mais quand il y va de notre existence et de notre argent, il faut avoir le courage de se taire et l'héroïsme de se cacher. Et puis, j'ai à remplir ma mission!

JAVOTTE.

Votre mission? Qu'est-ce que c'est que ça?

REBEC.

C'est le devoir de traverser les discordes civiles en faisant refleurir les transactions commerciales au milieu de tous les périls et à la faveur de tous les désordres. J'ai aujourd'hui une clientèle aussi nombreuse que variée, et je peux... (Entre, par la porte vitrée, de Lusson.)

JAVOTTE, l'apercevant.

Est-ce que ne v'là pas quelqu'un qui en est, tenez, de votre clientèle?

REBEC.

Hum! Oui, en effet, peut-être... Eh bien, va voir à me faire déjeuner, Javotte; va, ma fille.

JAVOTTE, haussant les épaules.

Ah! tant va la cruche à l'eau!... (Elle sort par la porte du fond.)

SCÈNE III.

REBEC, DE LUSSON.

REBEC, effrayé.

Vous! citoyen de Lusson!...

DE LUSSON.

Moi-même, citoyen Lycurgue.

REBEC, vivement.

Lycurgue! non! non! ne m'appelez plus comme ça! Il paraît que ce Lycurgue était de la réaction. Je me nomme à présent Brutus.

DE LUSSON.

Eh! mais...

REBEC.

Qu'est-ce que ça vous fait? Ne soyez pas au moins imprudent pour moi! — Vous venez, en plein jour, jusque dans l'*hôtel* du colonel Alain!

DE LUSSON.

Il s'agit de choses graves. D'abord, n'avez-vous pas, dans votre *hôtel,* madame la marquise de Gaël?

REBEC.

Mademoiselle de Sauvières?

DE LUSSON.

Je dis : La marquise de Gaël! Elle est bien réellement mariée, j'étais un de ses témoins! — Vous avez dû la voir, Rebec, hier ou ce matin?

REBEC.

Mais non!

DE LUSSON.

Tant pis!

REBEC.

Tant mieux! je me suis assez dévoué, assez exposé pour elle! Elle viendrait, je ne la recevrais pas.

DE LUSSON.

Recevez-la, au contraire. Saint-Gildas la cherche. Il va venir, et il espérait la trouver ici, auprès de son oncle Alain.

REBEC, avec épouvante.

Comment! le marquis aussi va venir?

DE LUSSON.

Eh! oui, il est en train de disposer son monde.

REBEC.

Il arrive peut-être, qui sait? à la tête de sa bande de chouans?

DE LUSSON.

Oh! il amène un millier d'hommes tout au plus.

REBEC.

Hein? c'est une plaisanterie?

DE LUSSON.

Non; c'est une précaution.

REBEC.

Mais enfin, quoi? qu'est-ce qu'il veut? Vérifier mes approvisionnements les armes à la main?

DE LUSSON.

Vos approvisionnements? oh! du tout. Et même, gardez-vous de lui en parler! Saint-Gildas, lui, a des scrupules, il répudie absolument les Anglais pour auxiliaires de notre cause... (*A part.*) Et ma conscience se demande souvent s'il n'a pas raison. (*Se levant.*) Non, c'est moi qui vais aller tout à l'heure, au nom des chefs émigrés, reconnaître avec vous vos achats.

REBEC.

Ah! c'est bien risqué!

DE LUSSON.

J'avais à vous remettre aussi, en bon or anglais, la somme convenue; mais si c'est risqué?...

REBEC.

Ça non! ce n'est pas risqué ça! Seulement, si le colonel Alain... Miséricorde! c'est lui! Sauvez-vous! (Montrant la porte du fond.) Tenez, par là.

DE LUSSON, tranquillement.

Mais non! j'ai précisément à parler au colonel Alain.

SCÈNE IV.

LES MÊMES, ALAIN, MOTUS.

ALAIN, de l'escalier extérieur de droite.

Dès qu'on signalera un messager, militaire ou non, qu'on me l'adresse. (Il entre.) Rebec, rien n'est venu pour moi, du camp ou d'ailleurs?

REBEC.

Non, colonel.

DE LUSSON, s'avançant.

Eh bien, et moi? je ne viens donc pas pour le colonel?

ALAIN, bas à Motus.

Ah! si c'était enfin la réponse du général Hoche? (Haut.) Qui vous envoie?

DE LUSSON.

Le marquis de Gaël.

ALAIN.

Hein? le marquis?

DE LUSSON.

Pour affaire grave de famille, il sollicite du colonel Kerjean un rendez-vous pour aujourd'hui.

ALAIN.

Ah! ah! j'avais moi-même, à mon retour du Rhin, à entretenir sérieusement M. de Gaël. Eh bien, qu'il vienne.

DE LUSSON.

Il souhaiterait un sauf-conduit, ou du moins la parole du colonel.

ALAIN.

Dites-lui qu'il a ma parole, et que je l'attends. (De Lusson s'incline et fait signe à Rebec de le suivre.)

REBEC, avec embarras.

Citoyen colonel, est-ce que vous ne remontez pas à votre chambre ?

ALAIN, les yeux fixés sur la fenêtre.

Non, ma chambre n'a pas vue sur la rue, je reste ici.

REBEC, bas à Lusson, qui lui montre une bourse.

Allons ! j'y vais ! mais que c'est hardi ! (Ils sortent par le fond.)

SCÈNE V.

ALAIN, MOTUS.

ALAIN, près de la fenêtre, regardant au dehors.

Motus ! retourne au quartier, veille à ce message que j'attends, et viens m'avertir dès que le Délégué sera rentré avec le détachement Beaulieu. Il peut nous faire bien faute, ce détachement. Nous ne sommes pas trois cents là-haut ?

MOTUS.

Mon colonel, sans te contrarier, 283, à l'appel d'hier soir.

ALAIN.

Oui, le Délégué a près de cent vingt hommes avec lui.

MOTUS.

Cent quatorze, sans te démentir.

ALAIN, marchant avec agitation et comme à lui-même.

C'est là une bien faible troupe, au milieu de toute une population ardente et hostile !

MOTUS.

Les *frères égarés* de ces contrées bretonnes et fanatiques

sont foncièrement comminatoires; c'est palpable. Mais mon colonel a des semblants d'inquiétude... On sait que ce n'est jamais pour lui!... Si c'est à cause de ses hommes?...

ALAIN.

Quand ce serait à cause de mes hommes!

MOTUS.

Nos existences sont des superfluités totalement dues à la nation qui nous a enfantés.

ALAIN.

Bien! mais quand elles seront supprimées, vos vaillantes existences, la côte sera ouverte aux tentatives des émigrés et des Anglais.

MOTUS.

Cette autre raison est juste et sensible.

ALAIN.

Et c'est pour cette raison que j'attends des nouvelles du général Hoche avec tant d'impatience et de tourment. (Regardant à travers le vitrage.) Ah! mais, vois donc, là, dans la grand'rue, ces cinq ou six cavaliers...

MOTUS.

Ils ne sont pas du corps, c'est positif.

ALAIN.

Cours, Motus, cours! et indique à leur officier où je suis.

MOTUS.

Avec satisfaction et vivacité! (Il sort précipitamment.)

ALAIN, seul.

Est-ce une estafette du général? Est-il informé de tout ce qui nous menace? (Entre un officier.)

SCÈNE VI.

ALAIN, L'OFFICIER, une dépêche à la main.

ALAIN, courant à sa rencontre.

Dépêche du général Hoche?

L'OFFICIER.

Oui.

ALAIN.

Ah! enfin! (Il décachette la dépêche et la parcourt.) Bon! le général est au fait... Que je tienne le plus et le mieux possible? On tâchera! on tâchera!... Le capitaine porteur de la lettre me donnera tous les renseignements utiles... Hoche réunit ses forces, il appelle ses divisions de Vitré, de Pontivy... (A l'officier, les yeux fixés sur la dépêche.) Qu'est-ce qu'il a d'hommes, à Rennes?

L'OFFICIER.

Deux mille.

ALAIN.

Il se mettra tout de suite en marche... (A l'officier, sans le regarder.) Combien de jours lui faut-il pour être à Vannes?

L'OFFICIER.

Deux jours.

ALAIN.

Ah! il arrivera à temps, j'espère!... Merci! merci de ces bonnes nouvelles! Vous avez fait là une rude course, capitaine! (L'envisageant.) Eh! mais... eh! mais, c'est toi, Cadio! (Lui tendant les bras.) Embrasse-moi donc!

CADIO, l'embrassant.

Que je suis content!

ALAIN.

Ah! mon ami! mon fils!... Comme tu es changé! Oh! mais en grand, en fier! Tu es bien pâle! tu as l'air accablé, brisé, mon pauvre garçon. Cette guerre est un peu dure, hein?... Oui, mais aussi, capitaine au bout d'un an, c'est magnifique!

CADIO.

A qui le dois-je?

ALAIN.

A toi, donc! à ta volonté, à ton courage.

CADIO.

Non : à vos leçons, à vos exemples.

ALAIN.

Bah! nous sommes restés si peu ensemble! J'ai rejoint presque aussitôt mon nouveau régiment au Rhin. Tu n'as pas servi trois mois sous mes ordres.

CADIO.

Eh! mais il ne vous a pas fallu trois mois pour ouvrir mes yeux d'aveugle et me dire : Vois et regarde. Ah! je suis peuple, moi! je comprends tard, mais je comprends vite. Il ne vous a pas fallu trois mois pour m'expliquer la France, et le temps, et le monde; pour m'enseigner mes deux titres d'homme : la justice et la liberté; pour me raconter où on en était, le commencement du livre, ce qu'on avait fait à Paris, sur le Rhin, ailleurs, partout; et la grande guerre, et la grande tribune, et la grande délivrance.

ALAIN.

Alors, toi, pour arriver si vite et si bien?...

CADIO.

Je suis parti de là! Et j'ai été, j'ai été en avant, sans repos, sans trêve. J'allais, je marchais; je voulais marcher! Vous me trouvez pâle, changé, affaibli? C'est que j'ai une drôle de chance: dans toutes les batailles, dans toutes les mêlées où je me jetais, un peu à corps perdu, figurez-vous que j'ai toujours été blessé! toujours! Bah! ça me faisait des arrêts forcés pour réfléchir aussi un peu. Parce qu'à présent je ne rêve plus, je tâche de penser. Je lis Plutarque, moi aussi! en français, par exemple; mais je crois que je le comprends tout de même. Et puis, guéri à la diable, je m'arrachais de mon grabat, et je repartais pour l'attaque, l'assaut, la poursuite; j'étais blessé encore! mais enfin je n'ai jamais fait un pas en arrière : tomber n'est pas reculer!

ALAIN.

De ce train-là, je conçois que tu aies monté vite!

CADIO.

Oh! il n'y a pas grand mérite à payer son droit avec son devoir, et notre sang est une monnaie sitôt prête!... Mais, par-dessus le marché, c'est vrai, j'ai rapidement et heureusement gagné mes grades. Et, pas plus tard que samedi dernier, le général Hoche lui-même m'a fait capitaine, après une assez jolie charge, où j'ai été blessé à côté de lui.

ALAIN.

Blessé samedi dernier !

CADIO.

Ah ! oui, tiens, encore ! je n'y pensais plus. Blessé, là, à l'épaule. Mais ce n'est rien, ça ! Et, quand on a parlé d'une commission militaire auprès de vous, à Carnac, mon pays, et en plein feu de la guerre, ah ! j'ai réclamé l'honneur de venir ici retrouver mon grand ami !... et peut-être...

ALAIN.

Et peut-être ?...

CADIO.

Et peut-être, à la fin, par la même occasion, mon grand ennemi.

ALAIN.

Tu as un grand ennemi, Cadio ?

CADIO.

Oui, monsieur, oui ! un homme qui m'a fait beaucoup de mal. Vous croyez que ce qui m'a courbé et brisé, c'est cette vie de fatigues et de périls ? Non ! c'est, au dedans de moi, le chagrin profond dont cet homme est cause. Depuis quinze mois il est là présent à ma pensée, et ma pensée n'est que douleur. Ah ! Dieu ! quand je me bats, je chante ; mais, quand je me souviens, je souffre ! Savez-vous pourquoi je n'ai seulement pas senti les vingt blessures que j'ai reçues ? c'est que je sens toujours son coup de couteau.

ALAIN.

Oui, oui, ton ennemi, c'est Saint-Gildas ?...

CADIO.

Disons donc, s'il vous plaît, M. le marquis de Gaël ! c'est là son titre, à lui ! c'est sa chance, sa richesse, sa gloire ! ce pourquoi il méprise et ce pourquoi on l'admire ! c'est ce qui le fait égoïste, libertin, orgueilleux, pervers, cruel... irrésistible et charmant ! — Ah ! misère de moi ! misère !

ALAIN.

Cadio ! qu'as-tu ?

CADIO.

Rien : mon épaule me fait véritablement un peu mal... Qu'est-ce que je disais ? que je n'entends nullement chicaner à M. le marquis sa noblesse : sa noblesse a produit la mienne! la pureté de son sang a produit la fierté de mon cœur! J'ai voulu marcher, c'est pour l'atteindre ; j'ai voulu grandir, c'est pour l'égaler ; je me suis exposé, je me suis dépensé, je me suis dévoué, c'est pour le vaincre. Maintenant, que je le rencontre, et nous pourrons nous mesurer !

ALAIN.

Voyons, calme-toi, tu as la fièvre!

CADIO.

Seulement, il faut que je le rencontre! Je suis resté en Bretagne, parce qu'il combattait en Bretagne. Dans mes courses c'est lui que je poursuis, dans les mêlées c'est lui que je cherche. Et je ne l'ai pas trouvé encore! Mais me voilà ici, et, je ne sais quoi me le dit, c'est ici que je dois enfin le rejoindre.

SCÈNE VII.

LES MÊMES, MOTUS.

MOTUS.

Mon colonel, sans te déranger...

ALAIN.

Ah! est-ce le Délégué ?

MOTUS.

Non, ce n'est pas le Délégué. Mais, sans t'inquiéter, tu devrais bien venir. Il rôde là-haut des mines invraisemblables et suspectes, et on dirait voir sur la colline des paysans aussi nombreux que s'ils allaient à une foire, encore qu'il n'y en ait point dans les environs.

ALAIN.

J'y vais. (Sort Motus.)

CADIO, qui s'était assis, se lève.

Je vous suis.

ALAIN, le forçant à se rasseoir.

Non, je te le défends! la route et l'émotion ont abattu tes forces. Attends-moi ici, je reviens. (Il sort.)

CADIO, seul.

C'est vrai que je suis à bout! Et pourtant si ces paysans étaient ses hommes! s'il était là, près de moi, celui que je hais!

SCÈNE VIII.

CADIO, LA KORIGANE. On l'a vue paraître sur le palier, écoutant les dernières paroles de Cadio à Alain. Elle descend les marches et tout à coup pose la main sur l'épaule de Cadio.

LA KORIGANE.

Ce n'est pas tant lui que tu hais, Cadio! c'est elle que tu aimes!

CADIO.

La Korigane! toi ici!... De qui parles-tu? d'elle? Est-ce qu'elle serait là, elle? (Il se lève.)

LA KORIGANE.

Eh bien, où vas-tu?

CADIO.

Ah! si elle est là, je sors, je m'en vais. Je ne veux pas, je ne peux pas la voir.

LA KORIGANE.

Sois tranquille! elle ne viendra que lorsque je l'appellerai. Mais pourquoi la fuis-tu donc? Est-ce aussi parce que tu la hais, dis? Non, c'est parce que tu l'aimes!

CADIO.

Mais, veux-tu te taire! mais tu rêves! Est-ce que je ne sais pas qu'elle est mariée! mariée à Saint-Gildas, selon sa croyance et selon sa loi, mariée à celui dont elle est aimée et qu'elle aime.

LA KORIGANE.

Ah! et voilà bien pourquoi tu hais Saint-Gildas! et, si rien de tout ça n'était vrai, je réponds que tu ne le haïrais pas tant.

CADIO.

Oh! mais tout est vrai, tout.

LA KORIGANE.

Non! rien! rien! — Et il faut que toi, tu saches ce qui est, Cadio. — Non, d'abord elle n'est pas mariée selon son Dieu et selon sa loi; elle croit l'être, mais elle ne l'est pas! entends-tu, elle ne l'est pas!

CADIO.

Ah? qu'est-ce que tu dis?

LA KORIGANE.

Tu sais bien, toi Breton, ce que c'est pour les Bretons et pour les royalistes qu'un prêtre qui a juré la Constitution, un prêtre assermenté? C'est un sacrilége dont tous les actes sont nuls et impies.

CADIO.

Sans doute.

LA KORIGANE.

Eh bien, Saint-Gildas n'a pas voulu lier sa vie, il a trompé M. de Lusson, il a trompé sa fiancée, et le chapelain qui a fait le mariage au château de Gaël, c'est un prêtre assermenté, c'est pour elle un faux prêtre.

CADIO.

Oh!... impossible! d'où le sais-tu? qui te l'a dit?

LA KORIGANE.

Je l'ai vu! je suis arrivée pendant la cérémonie, et j'ai reconnu l'abbé Sapience.

CADIO.

Et tu n'as pas parlé?

LA KORIGANE.

Et je n'ai pas parlé! — Si Saint-Gildas s'était excusé? s'il avait fait venir un vrai prêtre? Dans ce moment-là, je ne sais pas, je détestais mademoiselle de Sauvières autant que tu détestes Saint-Gildas. Je me suis dit : Ah! elle a voulu le croire? Eh bien, qu'elle le croie, tant pis pour elle!

CADIO.

Malheureuse! qu'est-ce que tu as fait?

LA KORIGANE.

J'ai fait — que tu n'es pas séparé d'elle par un vrai mariage et pour toujours, — et je trouve que ce n'est pas à toi de me le reprocher!

CADIO.

Ah! ce qui les lie ou ce qui les liera, c'est qu'ils s'aiment!

LA KORIGANE.

Mais non! cela non plus n'est pas! Écoute. — Saint-Gildas est bientôt retombé, le malheureux, dans son aveuglement et sa folie. Il l'a trahie, il l'a délaissée. Elle a pleuré, elle a souffert, et elle a cessé de l'aimer, — si elle l'avait aimé jamais. C'est alors qu'en la plaignant, moi, la pauvre âme, j'ai senti combien je l'aimais encore! Saint-Gildas a été repris par la maudite des maudites, madame du Rozeray. La tante Roxane l'a écrit au colonel Kerjean, mais il était parti trop loin. Enfin, avant hier, est-ce que la Grand'-Comtesse ne s'est pas installée au château comme dans une maison à elle? Il y a eu une querelle terrible! et, dans la nuit, madame s'est enfuie, avec sa tante et moi, pour venir retrouver M. Alain. J'étais là pour l'avertir, quand je t'ai entendu souffrir et menacer. J'ai voulu t'apaiser et te consoler, mon pauvre Cadio, je t'ai d'abord tout dit à toi. Et maintenant tu sais qu'elle est là et pourquoi elle y est. Et malgré toi, tiens, tu es ému, et même un peu content peut-être. Et je suis sûre qu'au fond, Cadio, tu n'es plus si furieux contre Saint-Gildas.

CADIO.

Ah! quant à Saint-Gildas, la Korigane, tu te trompes: tu n'as fait que redoubler contre lui ma colère. Je croyais n'avoir qu'à me venger, voilà qu'à présent j'ai à le punir.

LA KORIGANE.

Le punir? ah! mais non! Tu me fais peur, Cadio! Le punir! je ne voulais pas!... Je ne veux pas!

CADIO.

Tu ne veux pas? A ton tour, Korigane, regarde-moi donc. — Ah! pauvre enfant! tu l'aimes!

LA KORIGANE.

Moi! par exemple! moi l'aimer! — Oh! mais tu ne te rappelles donc pas comme je le haïssais. — Je ne le hais plus, ça, c'est vrai. — Depuis plus d'un an, je le vois, je le regarde, je le suis, et maintenant, je le connais mieux, je le connais bien. Cadio! c'est tout simplement un homme à plaindre! c'est un homme qui n'est pas heureux, voilà. Il souffre... ah! je l'ai vu souffrir! — Veux-tu que je te dise? — ce n'est pourtant pas, Dieu sait! une âme petite ou méchante! — eh bien, au milieu de tous ses amours, on ne l'a pas aimé! Non, pas même elle! Personne ne l'a aimé, personne, je te dis, personne! Et, sois tranquille! tu penses bien que ce n'est pas moi qui vais commencer!

CADIO, l'attirant dans ses bras.

Ah! pauvre petite sœur! mon amie, ma pareille!... Comme tu vas pleurer! comme tu vas souffrir!

LA KORIGANE, regardant à droite.

L'oncle Alain!

CADIO.

Eh bien?

LA KORIGANE.

Eh bien, il va me voir. Il faut que je la prévienne, elle. Attends-nous, Cadio, attends-la.

CADIO.

Non! oh! non, pas encore. Ne lui dis pas... ne lui dis rien de moi. Je reviendrai.

LA KORIGANE.

Mais tu ne penses plus à punir Saint-Gildas?

CADIO.

Je ne sais pas; nous verrons! (Il sort par le fond, la Korigane disparaît par les marches de gauche.)

SCÈNE IX.

ALAIN, puis JACQUELINE et ROXANE.

ALAIN, seul.

Cadio est sorti? Diable! s'il allait rencontrer son ennemi!

Saint-Gildas va venir, et non pas aussi seul qu'il l'a promis, peut-être. Il y a certainement autour de ce village une rumeur sourde, une foule cachée. (Entrent par la gauche Jacqueline et Roxane.)

JACQUELINE, se jetant dans les bras d'Alain.

Mon oncle!

ALAIN.

Jacqueline! mon enfant! — Roxane...

ROXANE, digne et guindée.

Bonjour, chevalier. Nous voilà! comme Coriolan chez les... Je ne me souviens plus, ça ne fait rien. Vous devez être un peu surpris de nous voir.

ALAIN.

Est-ce parce qu'il savait votre venue que Saint-Gildas m'a écrit?

JACQUELINE.

Il vous a écrit?

ALAIN.

Oui, pour me demander un entretien. Qu'y a-t-il? Parle. (Regardant Roxane.) Est-ce que madame du Rozeray?...

JACQUELINE.

Ah! vous savez?... Mais il n'est pas question de madame du Rozeray, mon bon oncle. Seulement, notre existence est vraiment par trop menacée. Le marquis de Gaël, traqué dans son refuge, ne peut plus nous défendre sans s'exposer. Et nous venions chercher auprès de vous une protection et un asile.

ALAIN.

Le moment est mal choisi, ma pauvre enfant; nous sommes ici nous-mêmes environnés de périls. Cependant, tu n'as rien, j'espère, à craindre des blancs?...

ROXANE, à demi-voix.

Hum! c'est selon!

ALAIN.

Et je pourrais vous donner un sauf-conduit pour les bleus.

ROXANE.

Ah! donnez! donnez! Si toutefois, sur notre route, vous pouvez nous préserver de...

ALAIN.

De qui?

ROXANE.

Eh! donc, de Saint-Gildas!

JACQUELINE.

Ma tante!

ROXANE.

Ah! tant pis! j'ai commencé, je finirai. Alain, vous avez reçu ma lettre? Madame du Rozeray ne s'est pas seulement emparée du cœur et de l'esprit de Saint-Gildas, elle vient aujourd'hui de s'emparer de sa maison.

ALAIN.

Est-ce possible? (Voyant Saint-Gildas qui entre.) Monsieur le marquis de Gaël, est-ce vrai?

SCÈNE X.

LES MÊMES, SAINT-GILDAS.

JACQUELINE.

Saint-Gildas! Ah! voilà ce que, par-dessus tout, je redoutais!

SAINT-GILDAS.

Rassurez-vous, madame. On m'accuse; je viens, pacifique et calme, me justifier, voilà tout.

ALAIN.

Et quoique M. de Gaël vienne ainsi seul et sans armes, tu n'as rien à craindre pour lui, mon enfant; il est protégé, ici, par ma parole. Hors d'ici, il a, je crois, une défense non moins efficace.

SAINT-GILDAS.

Si j'ai cru devoir, en effet, amener mes gens, — à distance, — ce n'était pas pour l'arrivée à Carnac, c'était pour le retour à Gaël. Il me fallait bien une escorte pour reconduire en sûreté madame la marquise... *chez elle.*

ALAIN.

Est-ce bien chez elle qu'elle rentrerait, monsieur? ou chez?...

SAINT-GILDAS.

Ne nommons personne! Celle dont on calomnie de nouveau l'alliance toute politique n'a pas à quitter ma maison; elle l'a quittée, et elle n'y rentrera plus. J'en donne ma parole. (Allant à Jacqueline.) J'espère que vous l'acceptez, madame. J'espère que vous y croyez.

JACQUELINE, tremblante.

Monsieur...

ALAIN.

Réponds hardiment et franchement, Jacqueline. As-tu confiance?

SAINT-GILDAS.

Mais... (Les deux hommes, menaçants, ont fait un pas l'un sur l'autre.)

JACQUELINE, vivement, à Alain.

J'ai confiance!... Je veux avoir confiance, je vous le jure! (A Saint-Gildas.) Je suis prête à vous suivre. (A Roxane.) Adieu, ma tante.

ROXANE.

Non, non, ma pauvre enfant! je veux encore t'accompagner, à tout risque.

ALAIN.

Partez donc, monsieur, et puissions-nous nous retrouver ailleurs que sur un champ de bataille! (Saint-Gildas salue Alain, et, allant à la porte, va pour faire passer devant lui Jacqueline et Roxane.)

SCÈNE XI.

LES MÊMES, CADIO.

CADIO.

Pardon, monsieur! vous êtes prisonnier!

SAINT-GILDAS.

Qu'est-ce que cela signifie?

ALAIN, inquiet.

Capitaine! ce chef a un sauf-conduit et ma parole. Laissez-le se retirer librement.

CADIO.

Passez. (A Jacqueline.) Vous, madame, non.

SAINT-GILDAS.

Madame est ma femme.

CADIO.

Non!

SAINT-GILDAS.

Comment! non? avons-nous affaire à un insensé? Qui êtes-vous?

CADIO.

Je m'appelle Cadio.

SAINT-GILDAS et JACQUELINE.

Cadio!

CADIO.

Oui, Cadio, que vous avez fait assassiner...

JACQUELINE.

Assassiner!

CADIO.

Et qui, vivant, veut seulement aujourd'hui contester et nier votre droit, à vous.

JACQUELINE.

Ce dro.., il est pourtant le seul valable à mes yeux. Je ne peux, moi, reconnaître que le mariage béni.

CADIO.

Béni par qui? Par le prêtre que votre conscience rejette et renie! par un prêtre assermenté!

JACQUELINE.

Oh! cela n'est pas! cela n'est pas!

ALAIN.

Monsieur le marquis, déclarez donc que cela n'est pas!

CADIO.

Monsieur ne peut que se taire et courber sa tête, quand je lui dis, moi, en votre présence : Vous n'emmènerez pas madame! il ne convient pas qu'elle suive davantage un amant.

JACQUELINE, cachant sa tête dans la poitrine d'Alain.

O honte!

SAINT-GILDAS.

Amant ou mari, je n'ai jamais admis le reproche et l'obstacle. (A Alain.) Monsieur le chevalier, ceci rompt nos conventions et la trêve; je reprends l'offensive.

CADIO.

Enfin!

SAINT-GILDAS.

Vous, je vous porte un double défi : un duel dans la bataille. On ne me laisse pas emmener madame; je vous avertis tous deux que je vais venir la reprendre.

CADIO.

Venez!

ACTE QUATRIÈME.

SIXIÈME TABLEAU.

Aux environs de Carnac, ancien cercle druidique. Deux ou trois pierres levées forment le fond. Le terrain est en contre-bas de quatre ou cinq marches de pierres taillées dans le granit. Rochers, mousses, gramens.

SCÈNE PREMIÈRE.

Aspect et bruits de la fin d'un combat. Va-et-vient de soldats, d'officiers, de blessés. — Entrent LE DÉLÉGUÉ, LE COMMISSAIRE DE L'ARMÉE, escorte; puis TIREFEUILLE, puis DE LUSSON.

LE DÉLÉGUÉ.

Cette affaire meurtrière est-elle enfin terminée? Ah! ces tueries d'hommes!... les malheureux qui les veulent! les coupables qui les causent! (Passe Tirefeuille, tenu au collet par deux soldats.) Quel est ce prisonnier?

LE COMMISSAIRE DE L'ARMÉE.

Ce n'est pas un prisonnier, c'est un assassin; c'est ce misérable Tirefeuille.

TIREFEUILLE.

Je ne me battais pas!

LE COMMISSAIRE DE L'ARMÉE.

Non, il se sauvait.

LE DÉLÉGUÉ, aux soldats.

Faites justice! et c'est lui accorder encore trop d'honneur que de lui laisser la mort du soldat. (On emmène Tirefeuille. — Passe de

Lusson, blessé, porté sur des branches d'arbre en civière.) Qui apporte-t-on là? Ce n'est pas un des nôtres?

LE COMMISSAIRE DE L'ARMÉE.

C'est M. de Lusson, mortellement atteint de quatre blessures; toutes à la poitrine.

LE DÉLÉGUÉ, à Lusson.

Je vous admirerais, monsieur; mais les Anglais seront demain à Quiberon, et vous êtes, je crois, de ceux qui les ont appelés.

DE LUSSON.

Aussi, monsieur, vous voyez, je meurs.

LE DÉLÉGUÉ, se découvrant.

Je vous salue. (On emporte de Lusson.)

SCÈNE II.

LES MÊMES; ALAIN.

LE DÉLÉGUÉ.

Eh bien, colonel?

ALAIN.

Victoire, citoyen délégué! les chouans sont dispersés et en fuite. Saint-Gildas a fait des prodiges, mais il n'a pas pu arrêter la déroute.

LE DÉLÉGUÉ.

Est-il pris, blessé ou tué, Saint-Gildas? Ah! il s'est fait, par cette attaque, l'allié des émigrés et des Anglais!

ALAIN.

On est à sa poursuite. De temps en temps il rallie quelques-uns des siens, se retourne et nous tient tête. Le capitaine Cadio s'acharne à le poursuivre. (Fusillade lointaine.) Entends-tu? l'engagement dure encore. N'importe! nous demeurons maîtres du terrain. Un peu grâce à toi, citoyen Délégué.

LE DÉLÉGUÉ.

Pourquoi? parce que je t'ai ramené à temps les hommes?

ALAIN.

Parce que tu es resté dans le feu avec eux, avec nous.

LE DÉLÉGUÉ.

Oh! je ne suis bon qu'à être là; mais je suis là.

ALAIN.

Enfin! ce n'est pas ton métier.

LE DÉLÉGUÉ.

Mais si! mon métier, c'est mon devoir.

LE COMMISSAIRE DE L'ARMÉE, jetant un coup d'œil à gauche, dit à l'oreille du Délégué.

La prisonnière...

LE DÉLÉGUÉ.

Ah! bien! — On a besoin de toi, là-bas, colonel; va donner tes ordres. — Un mot seulement : cette victoire, elle nous coûte cher, n'est-ce pas?

ALAIN.

Oui. Nous nous battions un contre trois. Nous devons avoir près de soixante tués et autant de blessés.

LE COMMISSAIRE DE L'ARMÉE.

Plus du cinquième!

LE DÉLÉGUÉ.

Ah! on n'aura pas à me reprocher aujourd'hui ma commisération! Des exemples! il faut des exemples! Va, citoyen colonel, va à ton commandement. (Sort Alain.) Amenez la complice de Saint-Gildas.

SCÈNE III.

LES MÊMES, JACQUELINE, amenée par quatre soldats.

LE DÉLÉGUÉ.

Je reconnais le visage, quoique le vêtement soit changé : c'est vous qui vous appeliez, il y a quinze mois, la paysanne Jacqueline?

JACQUELINE.

Quand je me prêtais à ce subterfuge, je croyais mon père vivant, et je tenais à vivre pour mon père. Mais aujourd'hui je me nomme et je suis Jacqueline Briant de Sauvières.

LE DÉLÉGUÉ.

Ajoutez donc marquise de Gaël! Et prenez garde que, cette fois, la situation autrement terrible me fait un devoir autrement impitoyable. La guerre civile accepte à présent l'aide de l'émigration, elle appelle l'invasion étrangère, elle prélude à son œuvre de sang par des journées comme celle-ci, qui fera déjà pleurer bien des veuves et bien des mères...

JACQUELINE.

Vous oubliez les orphelines.

LE DÉLÉGUÉ.

Et le révolté qui a ordonné contre nous cette violente attaque et conduit ce combat furieux, c'est Saint-Gildas, c'est votre mari! Et, après mon indulgence de l'an dernier, je vous retrouve encore à côté de lui, comme on vous avait vue autrefois à côté de votre père! — Vous ne répondez pas?...

JACQUELINE.

Non. Permettez-moi du moins la pudeur et la fierté du silence. Je vois l'affreuse accusation qui pèse sur moi et ne veux rien y opposer. Je ne suis pas seulement résignée à mourir, j'y suis résolue. Je n'ai plus personne au monde pour me défendre, — pas même moi.

SCÈNE IV.

LES MÊMES, ALAIN.

ALAIN.

Eh bien, et moi, ingrate enfant?

JACQUELINE, *courant à lui.*

Mon bon oncle!

ALAIN.

Citoyen Délégué! c'est moi que, ce matin, ma nièce venait retrouver. Saint-Gildas, elle le fuyait.

LE DÉLÉGUÉ.

J'espérais, citoyen colonel, qu'on te retiendrait quelques instants loin d'ici. Voici peut-être le seul cas où je me permettrai de douter de ta parole. Ici, c'est presque un devoir pour toi de mentir.

ALAIN.

Cependant, quand j'atteste...

LE DÉLÉGUÉ.

Témoignage inutile et nul. Toutes les circonstances de la journée sont contre l'accusée. L'acharnement même de Saint-Gildas... (Paraît Cadio.) Ah! le capitaine Cadio va nous en donner des nouvelles.

SCÈNE V.

LES MÊMES, CADIO.

CADIO, sans voir Jacqueline.

Je n'ai pas pu le joindre! je n'ai pas pu! Ce n'est pourtant pas ma faute, et je reconnais que ce n'est pas la sienne. Par trois fois, il s'est arrêté avec la poignée d'hommes qui lui reste, et tous deux nous nous élancions... Mais ces maudits chouans ont en horreur le duel, ils se jetaient entre nous et enlevaient leur chef. Au bois de Kaër, j'ai dû diviser ma troupe, et j'ai perdu Saint-Gildas. Le lieutenant Beaulieu aura eu peut-être plus de chance que moi; car Saint-Gildas tourne autour d'ici, mais ne s'éloigne pas.

LE DÉLÉGUÉ.

Sans doute! il pense à délivrer celle qui, dit-on, le fuyait!

CADIO, apercevant Jacqueline, à part.

Elle! accusée! — Mais c'est la mort!...

ALAIN.

Que Saint-Gildas soit ou non coupable, elle est innocente!

LE DÉLÉGUÉ.

Elle est ta parente! Encore une fois tu n'as aucune autorité pour la justifier et la défendre.

CADIO, s'avançant.

C'est vrai, mon ami. Moi seul, j'ai ce droit et j'ai ce pouvoir.

LE DÉLÉGUÉ.

Toi, capitaine Cadio?

CADIO.

Moi.

LE DÉLÉGUÉ.

A quel titre?

CADIO.

Ah! c'est que, moi, je suis le mari.

LE DÉLÉGUÉ.

Le mari?

CADIO.

Le mari. A présent, le moment est bon! je me nomme et je me proclame. Et qu'a de commun, je vous prie, avec la rébellion du marquis de Gaël, la femme du citoyen Cadio?

JACQUELINE, à Alain.

Mais il va aussi se perdre!

LE DÉLÉGUÉ.

Citoyen, ne revenons pas sur un acte auquel nous nous sommes prêtés, moi par compassion, toi par dévouement, mais que n'a certainement pas pris au sérieux celle en faveur de qui tu voudrais l'attester.

CADIO.

Qu'importe! moi je l'ai pris et je le prends au sérieux, cet acte. Il est inscrit aux registres de notre état civil. Je l'ai invoqué contre le trahisseur, je l'invoque devant le magistrat. J'invoque la loi nouvelle, qui est la mienne et la vôtre, et que j'ai le droit de revendiquer, car j'ai donné quelque peu de mon sang pour elle.

LE DÉLÉGUÉ.

Prends garde, capitaine Cadio! Jacqueline de Sauvières est accusée avec récidive de révolte et de provocation à la guerre civile. Tu as dix chances de te perdre avec elle, et tu n'en as pas une peut-être de la sauver.

CADIO.

Je tenterai la chance unique.

LE DÉLÉGUÉ.

Ta complaisance, cette fois, pourra ressembler à de la complicité! Prends garde! tu mets en gage et en jeu plus que ta vie : ton honneur.

CADIO.

Je mets dans la balance de la justice mon honneur et ma vie.

LE DÉLÉGUÉ.

Eh bien!... Mais non, réfléchis; je te somme de réfléchir encore. Tu me diras tout à l'heure ton dernier mot. Je vais aller visiter nos blessés, et c'est une vue qui ne sera pas faite pour me porter beaucoup à la clémence. (Il sort avec son escorte.)

SCÈNE VI.

CADIO, ALAIN, JACQUELINE.

JACQUELINE.

Cadio! ah! ne vous exposez pas, ne vous perdez pas pour moi! Je vous retrouve si changé, si transformé! votre destinée recommence si belle! et la mienne, si triste, est finie! Laissez-moi, abandonnez-moi.

CADIO, à Alain.

Elle veut que je l'abandonne!

ALAIN, bas, secouant la tête tristement.

Entre vous deux j'hésite, et je tremble pour vous deux. Parviendras-tu à la tirer du péril terrible où elle est jetée? et ne vas-tu pas inutilement risquer ton honneur, briser ta carrière?...

CADIO.

Eh bien, après? Je ne peux donc rien faire, moi! je ne peux donc rien donner! J'ai ma vie, et j'offre ma vie; je me suis fait un nom et j'offre mon nom; et on n'en voudrait pas, on les refuserait? par exemple! Je sais qu'ici je suis le maître. Qu'on accepte ou non ma pauvre obole, je l'impose; on en passera par mon sacrifice. Non, elle n'obtiendra pas de moi de l'abandonner!

JACQUELINE.

Cadio! de grâce!... à quoi bon vous sacrifier avec moi?

CADIO.

A quoi bon? Ah! pendant quinze mois, quinze mois d'attente et de fièvre, je me suis jeté dans la bataille et le péril avec une sorte de frénésie, j'ai travaillé, j'ai lutté, j'ai souffert... pourquoi? j'avais sans cesse devant mes yeux et devant mon souvenir cette journée de notre mariage, vous, monsieur le marquis et moi-même; et je me disais : Une heure viendra où j'aurai ma revanche, une heure où je pourrai jouer ma vie contre lui et donner ma vie pour elle. L'heure est venue, et vous me dites : A quoi bon vous sacrifier? Pardieu! je me venge!

JACQUELINE.

Vous vous vengez! vous vous vengez de moi! Pourquoi?... Le bandit qui vous a frappé a, j'en suis sûre, outre-passé l'ordre et la volonté de M. de Gaël; je conçois pourtant contre le marquis votre colère. Mais moi, qu'avez-vous à me reprocher? quel mal vous ai-je fait?

CADIO.

Le mal qu'elle m'a fait, oncle Alain, elle le demande! Mais qu'est-ce qu'elle croit donc que nous sommes, nous autres d'en bas, dans notre ombre? Est-ce qu'elle s'imagine que nous n'avons pas aussi un cœur qui bat, qui souffre, et même quelquefois qui rêve? Qu'elle n'ait jamais, elle, — grand Dieu, notre père! — accordé un regard ou une pensée d'amitié à de telles âmes de rebut, soit! j'y consens, c'est la loi du sort! Mais la pauvre âme qu'on n'aime pas, il est donc tout à fait impossible d'admettre que, par hasard, elle pourrait aimer!...

JACQUELINE.

Aimer!

CADIO.

Elle n'attend pas de retour, bien sûr, la pauvre âme! elle ne demande qu'à se donner, elle n'a d'autre ambition que d'être acceptée. Mais pour remercîment on lui jette sa bourse, pour récompense un salaire. Ah! l'ingratitude, passe! mais le salaire, c'est trop! Alors, vous comprenez, vous, ami, cœur de soldat, cœur de père, ce mercenaire n'a plus qu'un souhait et qu'une volonté : attendre son moment et exercer ses représailles!

ALAIN.

Pauvre Cadio! comme il a souffert!

JACQUELINE.

Oh! oui! pardonnez-moi, Cadio, grâce! Je ne vous connaissais pas, je ne vous comprenais pas, je ne vous voyais pas! — Mais que parlez-vous de châtiment? Je vous ai humilié et offensé, c'est trop vrai; mais moi, voyez donc comme j'ai été trompée et avilie! Le mariage menteur que je vous ai imposé, est-ce que je n'en ai pas été punie par un mariage sacrilége? J'ai méconnu l'amour sincère et pur de l'homme nouveau pour le caprice faux et railleur du gentilhomme blasé, et voilà qu'au lieu d'une mésalliance, j'ai subi une flétrissure! Cadio, vous pouvez me juger, me condamner, m'accabler; mais, vraiment, ne vous vengez plus, vous êtes assez vengé!

ALAIN.

Elle a raison, Cadio; tu peux te contenter de cette vengeance-là.

CADIO.

De la vengeance qui la fait souffrir? est-ce que j'en veux? je veux de celle qui n'atteint que moi! La vengeance méchante et cruelle qui l'abaisserait, je la repousse; mais je réclame la vengeance joyeuse et fière qui m'élève. Pour l'aumône qu'elle m'a jetée, je prétends donner ma vie! Je ne compte pas quand je me dévoue, mais je suis toujours bon pour mourir!

SCÈNE VII.

LES MÊMES, LE DÉLÉGUÉ, l'escorte, le lieutenant BEAULIEU, puis CŒUR-DE-ROI et la KORIGANE. (La nuit est venue, des soldats apportent des torches.)

LE DÉLÉGUÉ.

Eh bien, capitaine Cadio, as-tu réfléchi?

CADIO.

C'était inutile.

LE DÉLÉGUÉ.

Tu persistes à te dire le mari de l'accusée? tu persistes, pour rançon de son innocence, à engager ton honneur?

CADIO.

Plus que jamais je persiste.

LE DÉLÉGUÉ.

C'est bien. Tu auras à remettre au lieutenant Beaulieu tes armes et insignes de capitaine.

CADIO.

Oh! tu es sévère, citoyen! La dégradation! tu aurais pu te contenter de la mort. Laisse-moi du moins mon épée jusqu'à ce qu'elle m'ait servi à faire moi-même justice.

LE DÉLÉGUÉ.

Citoyen Cadio! il me semble que j'ai compris ta générosité; mais, en vérité, tu comprends mal ma rigueur. Je te retire tes armes parce qu'il ne convient pas que toi, soldat, tu aies à te trouver en face de certains ennemis. La République n'aime pas que nous mêlions nos petites querelles à ses grandes guerres. Tu partiras demain matin pour l'armée d'Italie, et je veux prier mon ami le général Joubert de te faire gagner contre les Autrichiens tes épaulettes de colonel.

CADIO.

Oh! citoyen!...

LE DÉLÉGUÉ.

Quant au lieutenant Beaulieu, il a bien gagné son épaulette de capitaine. Tu disais, capitaine Beaulieu, que Saint-Gildas?...

BEAULIEU.

Il a fait, avec sa petite troupe, une résistance héroïque. Mais j'ai enfin réussi à le jeter et à le bloquer dans l'îlot de Cergonan. La nuit nous a empêchés de l'y suivre; mais il n'en pourra pas sortir. J'ai fait cerner l'îlot, et au point du jour il sera en notre pouvoir, lui et les quelques derniers vaillants qui l'entourent.

LE DÉLÉGUÉ.

Bien! retourne surveiller l'îlot. Il importe d'en finir avec ce redoutable ennemi.

JACQUELINE, bas à Alain.

Oh! il est donc tout à fait perdu?

LA KORIGANE, qui s'est glissée près d'elle.

Pas encore! mais il faut que vous m'aidiez à le sauver!

CŒUR-DE-ROI, qui, de l'autre côté, s'est glissé près de Cadio.

Saint-Gildas vous rappelle le rendez-vous qu'il vous a donné.

CADIO.

Il a donc une issue pour passer?

CŒUR-DE-ROI, bas.

Oui, jusqu'à la pointe d'Arzon. Irez-vous l'y attendre?

CADIO.

J'irai.

ACTE CINQUIÈME.

SEPTIÈME TABLEAU.

Dans l'îlot de Cergonan. La nuit; la lune éclaire seulement, à gauche, un rocher couvert de mousse. Au fond, quelques saules rabougris, à travers lesquels on aperçoit la rivière et les îlots du Morbihan. A droite, un menhir.

SCÈNE PREMIÈRE.

Une barque aborde l'îlot; elle contient cinq hommes : MOTUS, BEAULIEU et TROIS CAVALIERS BLEUS. Motus et Beaulieu descendent à terre et s'avancent avec précaution.

MOTUS.

Tiens, mon capitaine, d'ici tu peux distinguer, malgré l'obscurité, dans le lit de la rivière, ces pierres idolâtriques et païennes. Eh bien, c'est là-dessus que j'ai vu passer et sauter l'homme; car, étant au-dessus des superstitions puériles et fallacieuses, je ne crois pas aux fantômes.

BEAULIEU.

N'importe! c'est invraisemblable. D'autant que, d'après ton dire, l'ombre que tu signales n'essayait pas de sortir de l'île, mais y entrait.

MOTUS.

Ah! c'est ce qui explique comment, dans cette direction-là, on ne l'a pas arrêté à la pointe d'Arzon, que nous gardons. Je maintiens mon rapport, mon capitaine; il est invraisemblable, mais il est vrai.

BEAULIEU.

Allons! on ne saurait prendre trop de précautions. Reste toi-même en sentinelle de ce côté. Quentin suffira, je pense, à l'autre coude de la rivière.

MOTUS.

Avec facilité.

BEAULIEU.

Tiens, tu n'as qu'à te poster à la pointe; de là, tu surveilles la berge et le passage. (Beaulieu remonte dans le bateau, qui s'éloigne. Motus disparaît sur la berge de gauche, derrière les arbres.)

SCÈNE II.

De derrière le menhir sortent successivement SAINT-GILDAS, CŒUR-DE-ROI, LARIBALIÈRE, MOUSTACHE et QUATRE AUTRES CHOUANS.

SAINT-GILDAS.

Allons! voilà notre dernier passage par les pierres druidiques découvert!

CŒUR-DE-ROI.

Il était bon pour entrer, non pour sortir: la pointe d'Arzon est investie.

LARIBALIÈRE.

Nous sommes traqués comme des fauves dans notre repaire.

MOUSTACHE.

Perdus sans ressource! perdus!

LARIBALIÈRE.

Perdus! et demain, pris et passés par les armes! La fin n'est pas précisément digne de nous!

SAINT-GILDAS.

Certes, si nous devions être passés par les armes, la fin serait indigne. Mais que nous soyons perdus, la chance est heureuse. Je sais à quels hommes je parle. On attend pour demain la flotte anglaise, et je trouve qu'il convient que nous soyons tous morts avant son arrivée.

TOUS.

Oui, oui!

LARIBALIÈRE.

Nous ne serons pas les témoins de cette honte.

CŒUR-DE-ROI.

Et nous n'aurons pas à en être les complices.

SAINT-GILDAS.

Bien! Et maintenant, amis, voulez-vous mourir en Bretons, en héros? Gagnons un à un, par les buissons, à l'autre extrémité de l'îlot, le dolmen de Saint-Cornély, réunissons ce qui nous reste de poudre, pratiquons une mine, et demain, à l'approche des bleus, faisons-nous sauter tous ensemble, au cri de : Vive le Roi, mais vive la France!

LARIBALIÈRE.

Vaillante et triomphante idée!

TOUS.

Oui! oui!

CŒUR-DE-ROI.

Eh bien! à l'œuvre tout de suite, et en route! (Ils disparaissent en silence, et un à un, par les buissons de droite. Un d'eux, de petite taille, enveloppé d'un manteau et caché par un chapeau à large bord, sort de l'ombre et s'approche de Saint-Gildas.)

SCÈNE III.

SAINT-GILDAS, LA KORIGANE.

LA KORIGANE.

Restez... et écoutez!

SAINT-GILDAS.

Qui êtes-vous? (Elle écarte son manteau.) La Korigane! Malheureuse enfant! que viens-tu faire ici?

LA KORIGANE.

Vous sauver.

SAINT-GILDAS.

Eh! je ne veux pas être sauvé, moi! (Il va pour sortir, puis revenant.) Pourtant, qui donc t'envoie? Serait-ce Cadio?

LA KORIGANE.

Peut-être!

SAINT-GILDAS.

Oh! alors... Mais non, cette maudite sentinelle garde le passage. Non, je ne pourrai pas rejoindre Cadio au rendez-vous; nous ne pourrons pas nous battre!

LA KORIGANE.

Vous battre! — Oh! vous vouliez vous battre,... le tuer? Oh! ce serait injuste ça! ce serait impie!

SAINT-GILDAS.

Eh! tu me fais la leçon, petite?... Il paraît, en tout cas, que ce n'est pas Cadio qui t'envoie. Alors, c'est Jacqueline. Je n'accepte rien d'elle, surtout la vie.

LA KORIGANE.

Pourquoi? parce que vous avez perdu sa vie, à elle!

SAINT-GILDAS.

Encore! — Je ne veux rien devoir à celle qui m'a quitté, qui m'a renié. (Il va pour s'éloigner.)

LA KORIGANE.

Mais non, attendez! Ce n'est pas elle; c'est...

SAINT-GILDAS.

Qui?... madame du Rozeray, peut-être?

LA KORIGANE.

Eh bien, oui! la Grand'Comtesse!

SAINT-GILDAS.

C'est différent!

LA KORIGANE.

Vous consentez à fuir?

SAINT-GILDAS.

Non pas! je consens à aller rejoindre Cadio.

LA KORIGANE.

Ah! c'est pour rejoindre?... Enfin, n'importe! allez! Par le passage des grosses pierres, allez!

SAINT-GILDAS.

Mais la sentinelle?... Je n'ai pas envie de mourir comme un homme qui se sauve : j'ai beaucoup mieux!

LA KORIGANE.

La sentinelle?... J'ai le moyen, — un moyen sûr! — de détourner son attention.

SAINT-GILDAS.

Quel moyen? — Voyons, parle, quelle est ton idée?

LA KORIGANE.

Eh! bien... — Mais, c'est ça! causons, perdons le temps et le moment! — Allez donc! allez donc vite! Le moyen est sûr, je vous dis! l'idée est bonne! — Allez! partez, partez!

SAINT-GILDAS.

Comme tu es émue! tu as peur?

LA KORIGANE.

Pour vous. Mais, pour me tranquilliser, — si vous vouliez, monsieur, — si seulement vous vouliez bien me donner... votre main?...

SAINT-GILDAS.

De tout mon cœur.

LA KORIGANE.

Merci! — Et maintenant, allez. D'ici, je peux vous suivre des yeux jusqu'à ce que vous soyez en vue; alors j'agirai. Mais allez, allez vite! (Saint-Gildas s'éloigne par la gauche.)

SCÈNE IV.

LA KORIGANE, puis MOTUS.

LA KORIGANE, seule, suivant des yeux Saint-Gildas.

Va, Saint-Gildas, va, et que Dieu te mène! Moi, mon moyen sûr, c'est de me faire tuer! ma bonne idée, c'est de mourir! — Ah! il est en vue. Allons! (Elle s'enveloppe du manteau, et se glisse, en se courbant, sur la berge, derrière les arbres.)

MOTUS, à distance, sur la berge.

Halte! Qui vive? Qui vive? (A la troisième sommation, la Korigane se redresse, Motus fait feu. Atteinte, elle jette un cri, et vient, chancelante et cherchant un appui, tomber sur le rocher de gauche. Motus entre, hésitant et inquiet.) Qui est-ce? qui ai-je frappé? (Il voit une forme humaine sur le rocher éclairé par la lune, et y court.) Une femme! La Korigane! Ah! l'ai-je tuée? — Petite! parle, oh! voyons, parle. — Ah! c'est du beau! un Mayençais tueur de femme! tueur d'enfant!

LA KORIGANE.

Oui, — tu m'as tuée. — Mais tu as bien fait! — C'était ton devoir.

MOTUS.

Mon devoir? eh! non! non! — Mais aussi, pourquoi ne parlais-tu pas, toi?

SCÈNE V.

LA KORIGANE, MOTUS, SAINT-GILDAS, revenant.

SAINT-GILDAS.

Qu'y a-t-il? — Ah! la Korigane!

MOTUS.

Saint-Gildas! (Il cherche son fusil, il l'a jeté; il saisit sa trompette.)

LA KORIGANE, avec une énergie soudaine, se jette sur lui, s'attache à lui.

N'appelle pas! (A Saint-Gildas, avec désespoir.) Oh! pourquoi êtes-vous revenu? — Mon bon soldat, grâce! laisse-le fuir. Tu m'as tuée, je te pardonne. Mais que je ne meure pas pour rien. Sois bon! ne tue que moi.

MOTUS.

Je vas donc trahir, moi!

SAINT-GILDAS.

Non, mon ami, non. Mais, laisse-moi au moins lui parler, je t'en prie.

MOTUS.

Ah! parbleu! (Il s'écarte.)

SAINT-GILDAS.

Korigane! ma pauvre enfant! Tu es blessée?

LA KORIGANE.

Oui. Je vais mourir.

SAINT-GILDAS.

Mourir! oh! non!

LA KORIGANE.

Si! mais tant mieux! je l'ai fait exprès.

SAINT-GILDAS.

De mourir?

LA KORIGANE.

De mourir pour vous.

SAINT-GILDAS.

Pour moi?... toi qui me haïssais!

LA KORIGANE.

Ah! vous croyez ça, vous! Après ça, je l'ai bien cru, moi!

SAINT-GILDAS

Tu croyais me haïr?...

LA KORIGANE.

Allons donc! (Se dressant, lui posant la main sur l'épaule et le regardant fixement.) Je vous aime.

SAINT-GILDAS.

Tu m'aimes!

LA KORIGANE

Eh ! oui ! à présent je peux le dire, vous ne vous moquerez pas de moi à présent, je suis sûre de ne pas être risible. Vous me plaindrez, vous vous souviendrez de moi, morte. Ah ! que c'est bon de mourir !

SAINT-GILDAS.

Oh ! tu m'aimes, oui, puisque tu meurs pour moi ! Mais, si tu meurs, moi, je te perds ! Je te perds, toi, la seule peut-être, — ah ! la seule assurément ! — qui m'ait aimé !

LA KORIGANE.

[illegible] dites pas ça, je voudrais vivre !

SAINT-GILDAS.

Ah ! cœur dévoué, cœur aimant, je te cherchais, je t'ai cherché toute ma vie ! tu étais là près de moi, tu battais si fort ! et je ne t'ai pas entendu battre ! Et maintenant, te voilà, je t'ai, je te sens, je te trouve... quand pour toi, pour moi, c'est fini !

LA KORIGANE, se soulevant avec effort.

Qui sait... si ça ne commence pas ? (Sa main et sa tête retombent. Elle meurt.)

SAINT-GILDAS.

Korigane !... — Mon âme ! entrevue, envolée ! (Il tombe près d'elle, anéanti.)

MOTUS, revenant.

Allons, vous ! sauvez-vous ! Sauvez-vous donc ! elle le veut.

SAINT-GILDAS, avec égarement.

Me sauver ? pourquoi ?... — Ah ! oui, elle m'a donné aussi des ordres. Mais ne crains rien pour toi, ami ; écoute ce que je vais lui dire, tu peux écouter. (Il prend dans ses mains le front de la Korigane, et, y posant religieusement un baiser.) Attends-moi !

HUITIÈME TABLEAU

A la pointe d'Arzon. Buissons, tamaris, rochers. Au fond, vue de l'archipel du Morbihan dans les brumes du crépuscule.

SCÈNE PREMIÈRE.

JACQUELINE, debout, enveloppée d'un manteau, regarde au loin.
REBEC entre et s'approche avec précaution.

REBEC.

Madame, voilà le jour, et les hommes de la barque disent qu'ils ne peuvent pas attendre plus longtemps.

JACQUELINE.

Seulement un quart d'heure encore!

REBEC.

Madame Jacqueline! votre tante et vous, — vous pour le salut de Saint-Gildas, elle pour sa liberté matrimoniale. — vous donnez deux métairies. Ces offres sont... consolantes. Mais le danger...

JACQUELINE.

Ah! regardez. Là, n'est-ce pas lui?

REBEC.

Oui, ma foi! il traverse en se courbant les grosses pierres avec une agilité!...

JACQUELINE.

Allez; dans cinq minutes nous vous rejoignons.

REBEC.

Tenez, vous abusez de la richesse! (Il sort.)

SCÈNE II.

JACQUELINE, SAINT-GILDAS.

JACQUELINE.

Monsieur!...

SAINT-GILDAS.

Vous, Jacqueline! c'est vous!

JACQUELINE.

Ce n'est pas moi, à ce qu'il paraît, que vous vous attendiez à trouver ici? Pour vous décider à fuir, la Korigane vous aura trompé.

SAINT-GILDAS, souriant tristement.

Elle m'a trompé, en effet.

JACQUELINE.

N'importe, monsieur le marquis! ne refusez pas, même de moi, le salut, je vous en prie, je vous en conjure.

SCÈNE III.

LES MÊMES, CADIO, ALAIN.

CADIO.

Alors, madame, vous l'aimez toujours?

JACQUELINE.

Ah! que venez-vous faire ici?

CADIO.

Monsieur le marquis, je pense, est moins surpris que vous de me voir. — Mais, du moment qu'il est aimé!...

JACQUELINE.

Cadio! écoutez. Vous avez bien assez souffert pour moi, je ne veux pas que vous souffriez encore. Quand je tentais de sauver celui dont j'ai porté par erreur le nom, c'est une dette que je payais à moi-même et à moi seule. Mais je prends mon père à témoin que je ne l'aime pas. Je peux même dire, après le mal qu'il m'a fait, quelle sera la pensée qu'il va laisser dans mon cœur : haineuse, jamais; douloureuse, toujours!

CADIO.

Cela étant, madame, excusez-moi, j'aurais à parler seul à monsieur.

JACQUELINE, alarmée.

Oh! pourquoi?...

CADIO.

Il est des mensonges, il est des atteintes à l'honneur, dont j'ai aujourd'hui le droit de demander raison et de faire justice.

SAINT-GILDAS *passe, en s'inclinant, devant Cadio, et va à Jacqueline.*

Madame! ces actions indignes d'un gentilhomme, avant d'en rendre compte à cet honnête homme, je dois, je veux moi-même les flétrir et les détester devant vous. Moi seul ici ai compromis mon honneur, et vous seule pouvez me le rendre. (*Pliant le genou.*) J'ose vous le redemander, madame, — en vous demandant pardon.

JACQUELINE.

Monsieur le marquis, — relevez-vous.

SAINT-GILDAS, *à Cadio.*

Et maintenant, monsieur, je suis à vos ordres. Mais, laissez-moi vous le dire, pour un vaillant et un généreux de votre sorte, il n'est pas bien tentant, ce duel-là! je ne pourrai même pas contre vous faire semblant de me défendre.

CADIO.

Mais...

ALAIN.

Cadio! ce n'est plus un ennemi, c'est un vaincu.

CADIO, *avec un effort douloureux.*

Allons!... je me résigne donc à cette victoire sans combat. Je vous laisse, monsieur, à vos autres rendez-vous d'honneur.

SAINT-GILDAS.

Merci! — Merci à tous! à tous adieu!

JACQUELINE, *à Alain.*

Le malheureux!...

SAINT-GILDAS.

Oh! que votre bonté se rassure, madame! grâce à elle, je pars, voyez, l'âme légère et le cœur joyeux. Et, voulez-vous que je vous dise?... Vous allez reconnaître cet incorrigible Saint-Gildas! — je pars... pour m'en aller avec quelqu'un que j'aime! (*Il s'élance au dehors.*)

SCÈNE IV.

CADIO, ALAIN, JACQUELINE. Six ou huit cavaliers, en tenue de route, le manteau en bandoulière, la carabine sur l'épaule, paraissent au fond.

CADIO.

Moi, voici mes compagnons, et je m'en vais avec eux à la délivrance de nos frères des autres patries. Mais je veux d'abord, madame, vous rendre à vous-même. (Lui tendant un acte.) Il vous suffira de signer, après moi, cette demande en divorce...

JACQUELINE.

Cadio!...

ALAIN, s'avançant entre eux.

Eh! cet acte, elle ne peut ni le refuser, ni le prendre. Moi, je le garde. La loi exige pour le divorce un intervalle d'un an; eh bien, un an, c'est la durée probable de la campagne d'Italie. (Explosion au loin. Les deux hommes se découvrent.)

JACQUELINE les regarde et jette un cri.

Ah!... je comprends, c'est Saint-Gildas qui meurt!

ALAIN.

Il meurt du moins debout, fier et libre.

CADIO.

Nous tâcherons de vivre comme il meurt.

FIN.

PARIS. — J. CLAYE, IMPRIMEUR, 7, RUE SAINT-BENOIT. — [1267]

www.ingramcontent.com/pod-product-compliance
Lightning Source LLC
Chambersburg PA
CBHW060147100426
42744CB00007B/939

* 9 7 8 2 0 1 2 1 6 7 3 1 5 *